문구의
자초지종

THE ANATOMICAL CHART OF STATIONERIES
© MARI YOSHIMURA & AKIHIKO TOYOOKA 2018
Originally published in Japan in 2018 by X-Knowledge Co., Ltd.
Korean translation rights arranged through AMO Agency SEOUL

문구의 자초지종

기분이 좋아지는 내 책상 문구투어

요시무라 마리·도요오카 아키히코 지음
김나정 옮김

BCUT

일러두기
한국 독자들에게 좀 더 유용한 정보를 제공하기 위해 원서에 없는 '한국 문구의 자초지종'을 본문에 일부 더했습니다.

프롤로그
당신의 문방사우는 무엇인가요?

문구, 좋아하시나요? 아, 괜한 질문을 한 것 같군요. 이 책을 펼쳤다는 것 자체가 당신이 '문덕'임을 입증하는 것일 테니까요. 네, 이 책은 서점 문구코너, 예쁜 문구들이 빼곡한 편집숍, 여행지에서 만난 오래된 문방구를 보면 그냥 지나치지 못하는 당신을 위해 만들어졌습니다.

우리를 이렇게 설레고 기분 좋게 만드는 문구에는 어떤 것들이 포함돼 있을까요? 책상을 슬쩍 둘러보아도 한 손에 꼽기 어려울 만큼 다양한 문구가 눈에 띕니다. 문구라고 하면 대개 펜이나 노트 같은 '필기구'를 먼저 떠올리지만, 문구의 범위는 생각보다 꽤나 넓습니다.

'문구란 무엇일까'를 생각할 때 으레 떠오르는 것이 '문방사우'라는 말입니다. '문방(文房)'이란 문인의 서재 혹은 서재에서 사용하는 도구를 가리키며, 그중에서

특히 중요한 붓, 먹, 종이, 벼루를 '문방사우'라 불렀습니다. 현대판 문방사우라면 연필과 지우개, 볼펜, 노트를 들 수 있겠군요. 어쨌건 이것이 '문구'라는 말의 유래라 할 수 있습니다.

그러나 실제로 '문구'가 무엇인지 정의하기란 쉽지 않습니다. 서점이나 편집숍, 문방구에 수만 개의 제품이 나와 있고, 그중에는 '이게 문구라고?' 하며 갸웃거리게 되는 것들도 있습니다. 문구를 사용하는 장소를 가리키는 '문방'도 서재뿐 아니라 학교, 사무실, 공장, 옥외 현장 등 이루 말할 수 없이 다양합니다.

그래서 고민 끝에 이 책에서는 문구를 '학교와 직장에서 사용하고 (당연한 말이지만) 문구점에서 판매하는 도구' 정도로 정의해서 소개하려 합니다.

오늘날 우리가 사용하는 대부분의 문방구는 유럽이나 미국에서 탄생했습니다. 그 뒤 세계 각국에서 현지 사정에 맞게 개량하고 품질을 끌어올려, 이제는 국적에 관계없이 여러 나라의 제품이 두루 쓰이고 있습니다. 문방구뿐 아니라 편집숍 등 다양한 장소에서 자기만의 색깔을 가진 제품을 큐레이션해 판매하기 시작하면서 문구에 대한 인식이나 접근법도 달라지고 있습니다. 이에 따라 좀처럼 생각지 못할 법한 획기적인 제품이 세상 곳곳에서 출시되고 있으며, 편리함을 넘어 '즐거움'을 선사하는 문구가 계속 늘어나는 중입니다.

이 책에서는 바로 그런 친구들, 우리의 일상에 늘 함께하며 실용성과 즐거움을 주는 문구들에 대해 이야기합니다. 기본 아이템, 스테디셀러, 화제의 신제품 등을

다양하게 다루고 있지만 엄청나게 신기한 제품이거나 고급스러운 물건은 아니에요. 시내 문구점이나 인터넷에서 쉽게 구할 수 있는 제품이 대부분이죠. 하지만 이들 문구 하나하나에 담긴 기술의 정수를 알아채면, 작고 사소한 문구가 새삼 대단해 보이고 애정도 더 커질 거라 생각합니다. 아는 만큼 좋아진다고 하잖아요. 당신이 문구를 더 좋아할 수 있도록 문구의 내력과 구조, 사용하기 좋은 이유 등 문구의 시시콜콜한 자초지종을 그림과 함께 소개했습니다.

이 책이 여러분의 '문방사우'를 만나는 데 도움을 줄 수 있기를! 자, 이제 문구의 세계로 떠나볼까요?

   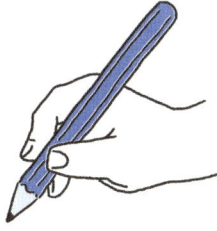

프롤로그 당신의 문방사우는 무엇인가요? 5

Part 1. 쓰기, 그리기, 지우기

연필 14

양치기, 연필의 시초를 마련하다 | 국산 제품이면 재료도 국산? | 쓸 때는 한식, 그릴 때는 양식 | '심'의 경도 | 뾰족할수록 좋아 | 짧아져도 오래오래 사랑해주세요 | 일'심'동체인 연필 고르기 | 색색깔 색연필 이야기 | 뼈와 살을 깎는 연필깎이

볼펜 26

신문용 잉크에서 탄생하다 | 볼펜 종류는 뚜껑, 똑딱, 트위스트 3가지 | 물과 기름의 깊~은 관계 | 뭐든지 끈끈해야 해 | 누구에게나 지우고 싶은 과거, 아니 잉크가 있다 | 요즘 볼펜들의 진화 | 볼펜 잉크 지우는 요령

샤프 34

모양부터 샤프하지요 | 샤프심은 어떻게 나오는 걸까? | 심의 강도가 다르답니다 | 샤프는 점점 더 샤프해진다

만년필 40

학은 천년, 펜은 만년? | 종이와 마음에 스미는 잉크 이야기 | 고급의 경계를 넘어

펠트펜·마커 46

어디에나 쓸 수 있다니 마법 같아! | 원리는 들판에 피는 꽃과 같다 | 빛나는 펜과 만나다

붓펜 50

붓의 표현력은 특별한 구석이 있다 | 붓펜만 있으면 나도 예술가!

지우개 54

글자는 빵으로만 지우는 게 아냐 | 지우개 춘추전국시대

수정액·수정테이프 58

하얗게 칠해버려! | 펜은 솔보다 강하다 | 액체에서 테이프의 시대로

[문구 주변 이야기] **문방구 : 당신에게도 추억의 문방구가 있나요?** 62

Part 2. 남기기, 그리기

노트 68

실이여, 안녕히 | 뿔뿔이 흩어지지 않도록 | 노트 줄은 원하는 대로 골라보세요 | 요즘 노트들의 사정

루스리프·바인더 76

'루즈'함이 매력?! | 바인더의 심장 | 더 똑똑해진 요즘 바인더 | 취향 따라 바꿔 끼우기 | 루스리프와 함께

리포트 용지 82

쓰고, 떼어내서, 제출한다 | 노란 종이가 트레이드마크 | IT 시대지만 지금도, 그리고 지금이니까

스케치북 86

스케치북은 언제부터? | 이런저런 스케치북 이야기

메모장 90

메모장에 '정해진 법'은 없다 | 전 세계에서 사랑받는 메모장 | 비에도 바람에도 지지 않는다

[문구 주변 이야기] **데커레이션 문구 : '디자인'과 만난 문구** 94

Part 3. 자르기, 붙이기, 고정하기

커터칼 100

칼을 '가는' 시대에서 '꺾는' 시대로 | 커터칼은 '날'이 생명 | 커터칼을 쓸 때 지켜야 할 규칙 | '날 자르기'는 신중하게 | 커터칼의 변신은 편리!

가위 108

X자형 가위는 우리나라에도 있었다 | 알수록 신통한 요즘 가위들

풀 112

고체에서 액체로 | 립스틱 같아 | 최종진화형은 '테이프'

테이프 116

투명 테이프의 탄생 | 붙이기만 하는 게 아니다! | 붙이기만 하기엔 아까워 | 사무실에서도, 현장에서도! 대형 테이프 사총사

점착식 메모지·페이지 마커 122

실패는 포스트잇의 어머니 | 블록 vs. 페이지 마커 타입 | 다닥다닥 붙여 노트를 만들자 | 포스트잇·페이지 마커들의 활약

스테이플러 128

사람들은 '호치키스'라고 부른다 | '철하기'의 과학 | 스테이플러의 코페르니쿠스적 전환

클립 134

클립, 언제부터 있었을까? | 요즘 클립들의 사정

[문구 주변 이야기] 사무실 : 사무실과 문구, 불가분의 관계 138

Part 4. 분류하기, 보관하기

구멍 뚫는 파일 144

구멍이 맞지 않으면 묶을 수 없어 | 몇 장이냐에 따라 파일도 달라진다 | 구멍 뚫기는 원투 펀치

구멍 뚫지 않는 파일 148

속이 다 보여 | 서류, 들고 다닐 것인가, 두고 다닐 것인가 | 끼워서 정돈하고, 끼워서 넘긴다

앨범 152

기록을 남길 것인가, 기억을 남길 것인가 | 올드 스쿨이 새롭다 | 속지도 똑똑해진다

[문방구 주변 이야기] 다이어리 : '다꾸족'이여, 영원히! 156

에필로그 못다 소개한 자초지종을 기약하며 160
부록 이 책에 등장한 문구들 162
참고문헌 166

Part 1.
쓰기, 그리기, 지우기

연필
Pencil

Part 1.
---- 양치기, 연필의 시초를 마련하다 ----

**흑연을 발견한 양치기!
곧이어 탄생한 연필**

연필의 역사는 1560년대 영국에서 시작됐습니다. 어느 양치기가 리버풀 북쪽에 있는 보로데일 계곡에서 양질의 흑연 결정을 발견한 것이죠. 이 흑연 결정을 종이로 감싸거나 끈으로 말아 필기구로 사용한 것이 시초입니다. 그 후 나무판자 끝에 흑연을 붙인 '연필'이 생산됐습니다. 광산이 고갈되자 흑연과 점토를 섞은 '심'이 발명됐고, 이 심을 목재 사이에 끼우면서 지금의 연필 형태가 완성되었습니다.

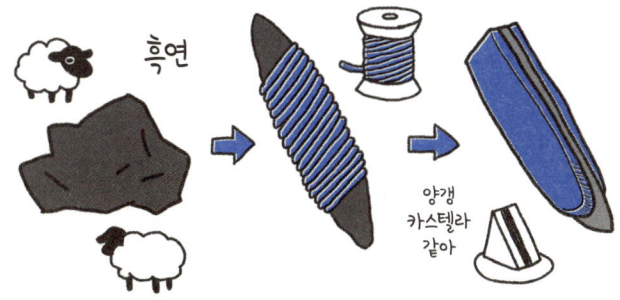

**우리나라에서는
개화기부터 사용하기
시작했어요**

우리나라에 연필이 전해진 것은 개화기로 추정되며, 국내 최초 문구회사인 동아연필이 1946년에 연필을 생산하기 시작했습니다. 일본에는 네덜란드인이 도쿠가와 이에야스에게 헌상한 연필이 구노산 도쇼궁 박물관에 있다고 합니다. 같은 시기에 제작된 뚜껑 달린 연필이 발견되기도 했고요.

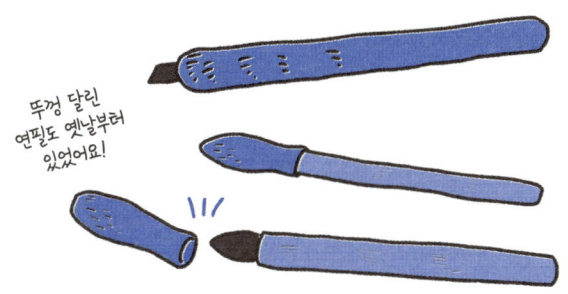

국산 제품이면 재료도 국산?

국산 연필도 재료는 모두 수입품

연필심은 흑연과 점토를 섞어 원형으로 길게 뽑아 구운 뒤 굳혀서 만듭니다. 흑연은 석탄과 비슷한 물질로 주로 중국에서 수입하며, 점토는 독일산을 사용합니다. 연필에 쓰이는 목재는 북미산 인센스 시더를 사용하는데, 편백나무와 같은 측백나뭇과로 좋은 향이 납니다. 이 목재에 홈을 파서 심을 끼우고, 육각형으로 잘라 도색하면 연필이 완성됩니다.

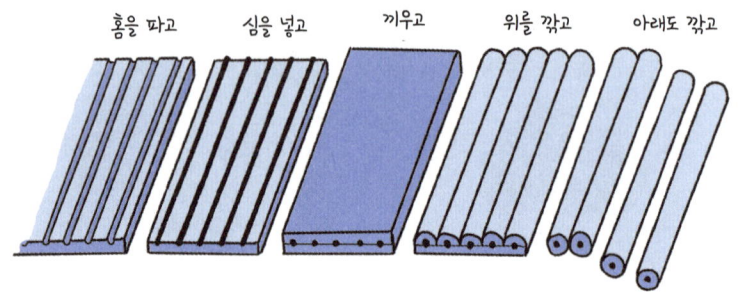

종이에 글씨가 써지는 메커니즘

종이에 연필로 글씨를 쓰는 것은 곧 연필심으로 종이 위를 강하게 문지르는 것입니다. 종이 표면의 요철에 연필심이 부스러지면 흑연 가루가 종이에 달라붙으면서 글씨가 나타납니다. 연필로 쓴 글자를 확대해서 보면 종이 위의 흑연 가루를 확인할 수 있습니다.

쓸 때는 한식, 그릴 때는 양식

**글씨 쓸 때는
젓가락질하듯**

올바르게 연필 잡는 법도 알아봅시다. 연필을 바르게 잡으면 손이 덜 피로하답니다. ① 검지, 엄지, 중지로 연필을 잡습니다. 엄지는 검지보다 조금 뒤에 두세요. ② 종이와 연필 각도는 약 60°입니다. ③ 쓸 때는 검지를 중심으로 엄지를 함께 움직입니다. 탁구 라켓 잡는 것처럼 말이에요.

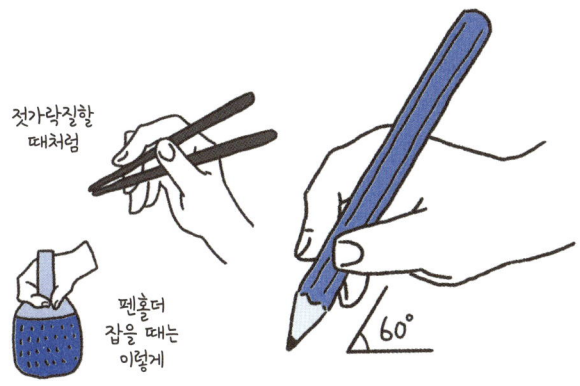

**그림 그릴 때는
나이프 쓰듯**

연필을 잡는 다른 방법은 데생할 때 쓰는 방식입니다. 나이프처럼 쥐는 건데요. 손바닥으로 연필을 잡고, 검지로 연필을 눕혀 굵은 선을 그립니다. 글자를 쓸 때와 달리 필압을 약하게 하고 강약을 조절하면서 그려나갑니다.

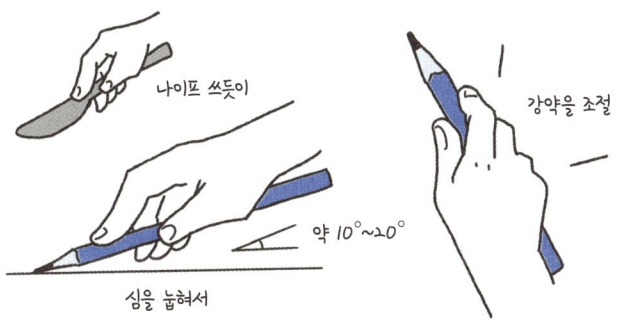

Part 1. '심'의 경도

Hard의 반대말은 Soft가 아니다?

심의 경도는 흑연과 점토의 비율에 따라 달라집니다. 그중 경도를 나타내는 것이 HB, 2B, 4H 등의 기호입니다. 연필심 경도표준은 필기구회사 파버카스텔에서 최초로 규정했는데, 8B-7B……2B-B-HB-F-H-2H-3H……8H로 구분하고 있습니다. H는 'Hard(딱딱한)'의 약자로 제도에 많이 쓰이며, B는 'Black(검은)'의 약자로 회화에 주로 쓰입니다.

H와 B 사이에는 'HB'가 있고, H와 HB 사이에는 'F'가 있는데요. 말하자면 F는 HB보다 조금 더 단단한 심이죠. 'Hard'의 반대가 'Black'인 것은 19세기에 영국 브랜드 브룩맨(Brookman)이 정한 규정을 이어왔기 때문입니다.

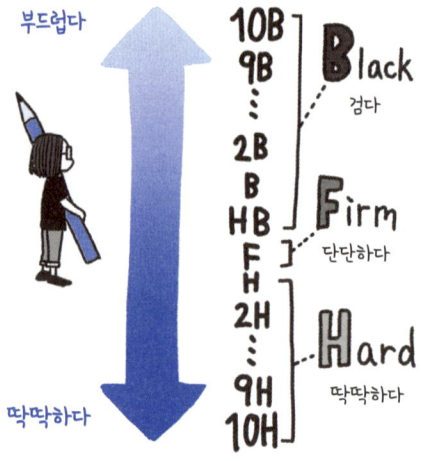

육각형인 이유는 쓰기 편하고, 또…

단면이 3의 배수인 삼각형과 육각형 연필은 쓰기에도 가장 편합니다. 연필은 세 손가락으로 잡기 때문이죠. 그중에서도 제조공정이 편리한 육각형이 가장 많이 생산됩니다.

공정이 복잡해 가격은 조금 비싸지만 오각형이나 벚꽃 모양 연필도 있습니다. 의외로 쓰기 편하니 눈에 띄면 한번 사용해보세요.

Part 1.
뾰족할수록 좋아

주머니칼을 써서 취향대로 깎기

요즘은 연필깎이를 주로 이용하지만, 예전에는 커터칼이나 주머니칼로 깎는 것이 보통이었습니다. 연필깎이가 안전하고 편리하긴 하지만, 연필심 길이나 굵기를 내 취향대로 조절해 깎으면 재미도 있고 애착이 생깁니다. 커터칼이나 주머니칼로 연필을 깎을 때는 칼을 고정하고 연필을 내 쪽으로 당기듯 움직이는 것이 포인트입니다.

소중한 연필심을 지키는 연필 뚜껑

모처럼 예쁘게 깎아놨는데 필통 안에서 굴러다니다가 연필심이 부러지기라도 하면 마음에도 상처! 그래서 생긴 것이 연필 뚜껑입니다. 연륜 있는 문구인에게는 알루미늄이나 놋쇠 재질이 익숙하겠지만, 지금은 다양한 색상의 플라스틱 뚜껑이 많이 나옵니다.

---- 짧아져도 오래오래 사랑해주세요 ----

연필깍지를 쓰면
몽당연필도 쓰기 편해요

짧아진 연필에 새 생명을 불어넣는 도구가 바로 '연필깍지'입니다. 펜슬홀더, 연필그립이라고도 하죠. 예전에는 금속제가 일반적이었지만, 지금은 사용감이 좋은 플라스틱으로 만들거나 고무를 씌운 제품이 많습니다. 만년필을 본떠 만든 고급스러운 제품도 있습니다.

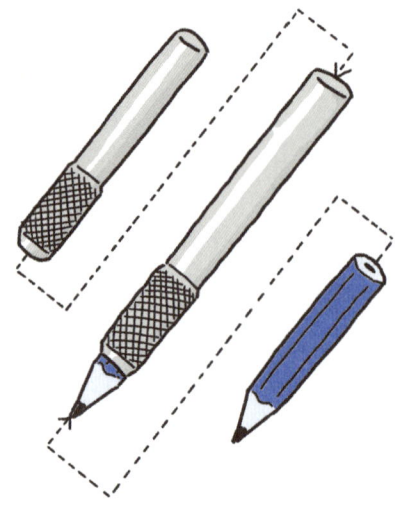

몽당연필을 레고처럼 합체!

'츠나고(TSUNAGO)'라고 들어보셨나요? 몽당연필을 재활용할 수 있는 편리한 도구입니다. 3개의 구멍에 차례대로 연필을 넣어 돌돌 회전시키면 앞쪽은 튀어나오게, 뒤쪽은 움푹 파이게 깎아줍니다. 이렇게 깎은 연필을 다른 연필 뒤에 꽂으면 긴 연필이 되죠!

츠나고(나카지마주큐도)

Part 1.
---- 일'심'동체인 연필 고르기 ----

초등학교 1학년에게는 '저학년용 연필'

예전에는 연필이라고 하면 HB가 대세였지만 최근에는 2B도 많이 쓰입니다. 2B 연필은 '쓰기 연필', '어린이 연필'로 주로 판매되기 때문에 쓰기 편한 삼각형 모양도 많이 나옵니다.

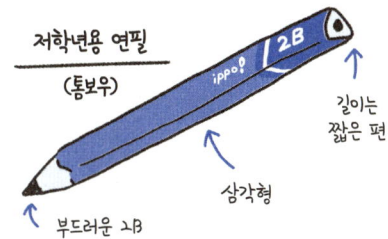

제도용으로는 '하이유니'와 '마스 전문가용 연필'

제도 작업을 하려면 얇은 선을 정확하게 그려야 하기 때문에 단단한 연필이 필요합니다. H부터 10H까지의 풍부한 라인업을 자랑하는 '하이유니'와 '마스 전문가용 연필'이 좋습니다.

2개도 아니고 3개를 동시에? '퍼펙트 펜슬'

탑재된 기능이 2개도 아니고 3개나? 쓰기, 지우기, 깎기를 한 자루로 해결할 수 있는 '퍼펙트 펜슬'입니다. 독일의 필기구 명가 파버카스텔이 만들었지요. 뚜껑에 내장 연필깎이가 있고, 연필꽁지에는 지우개가 달렸습니다. 기능도 좋을뿐더러 파버카스텔 특유의 뚜껑 디자인이 멋있어요. 파버카스텔 브랜드를 좋아한다면 당장 구매 추천!

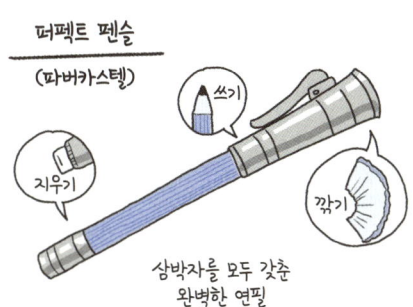

---- 색색깔 색연필 이야기 ----

색연필이 원통형인 건
연약한 심을 보호하기 위해

연필은 육각형인데 왜 색연필은 대부분 원통형일까요? 연필심은 점토를 섞어 구운 뒤 굳히지만, 색연필은 구워서 굳히는 공정이 없기 때문에 심이 부드럽고 약합니다. 그래서 심을 굵게 만들고 원통형으로 감쌉니다. 원통형은 육각형보다 힘이 일정하게 들어가고 잘 부러지지 않거든요. 하지만 요즘은 심의 강도를 높이는 기술이 발달해서 육각 색연필도 많이 나오죠.

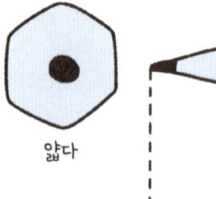
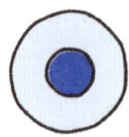
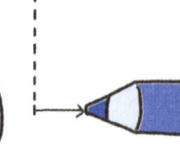

색연필에도 유성과 수성이 있다

일반 색연필은 유성이지만, 물에 녹여 사용하는 수채 색연필도 있습니다. 수채 색연필로 칠하고 브러시로 녹여주면 수채화 같은 터치감을 표현할 수 있습니다.

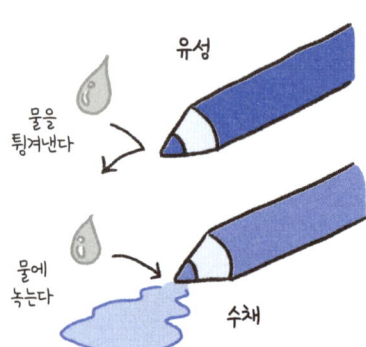

한 겹 벗기면 심이 나온다

실을 당겨 종이를 벗기면 심이 나오는 색연필이 바로 '데르마토그래프'입니다. 예전에는 색연필 하면 이런 색연필을 주로 가리켰죠. 채점하는 빨간펜도 이 색연필이었고요. 필름 같은 매끈한 표면에도 글씨를 쓸 수 있기 때문에 인쇄·출판업계의 필수품이었지만, 디지털카메라가 나오면서 사용이 줄었습니다.

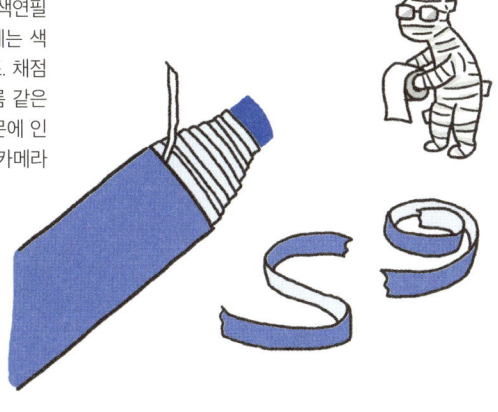

예술가 기분을 만끽할 수 있는 어른들의 색칠놀이

그림은 못 그려도 색은 칠할 수 있잖아요? 최근 유행하는 컬러링북은 예술가가 된 기분을 만끽하게 해주는 어른들의 색칠놀이입니다. 간단한 것부터 상당히 정교한 것까지 종류도 다양하죠. 유성 색연필, 수채 색연필, 크레파스, 수채 물감 등 다양한 도구를 사용하면 더 멋질 거예요.

뼈와 살을 깎는 연필깎이

수동식 '유성 기어' 멋있어!

연필깎이는 역시 수동식이죠. 수동식은 유성 기어 구조입니다. 커다란 톱니바퀴 안쪽에서 작은 톱니바퀴가 회전한다는 뜻이에요. 그림처럼 대각선 홈이 파인 원주형 날이 연필 주변을 회전하며 깎습니다. 짧은 연필은 깎기 힘들다는 단점이 있지만, 연필을 쉽게 깎기에는 그만입니다.

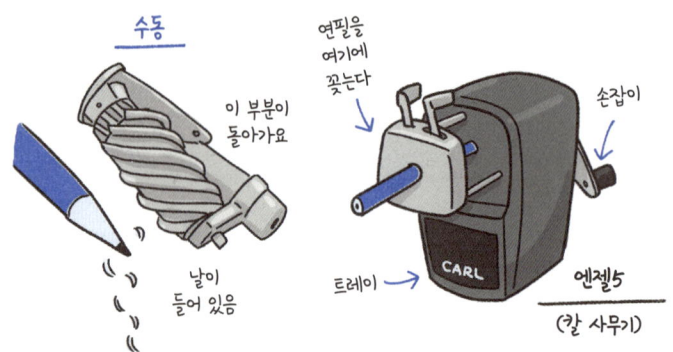

전동 모터 덕분에 편리해진 연필깎이

전동식 연필깎이에는 유성 기어 대신 전동 모터가 들어 있습니다. 모터 때문에 수동식보다는 본체 사이즈가 큰 편입니다. 구멍에 연필을 넣으면 자동으로 깎기 시작하는데, 자칫 아이들이 손가락을 넣어서 다칠 위험이 있으므로 최근에는 오작동 방지 기능이 탑재된 제품이 많습니다.

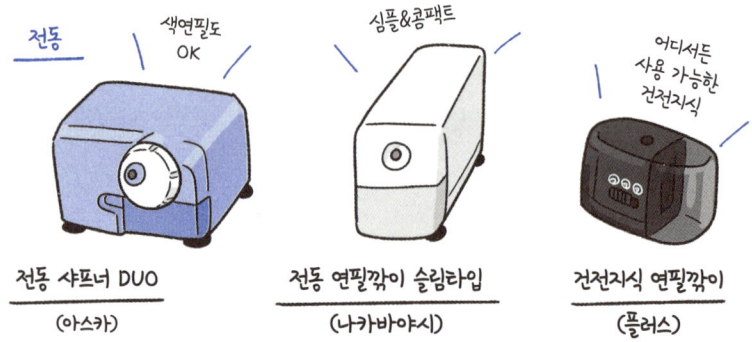

찌꺼기까지 아름다운 연필깎이의 최고봉

날 하나짜리 휴대용 연필깎이는 필통에 넣고 다닐 수 있어 언제든 쓰기 좋습니다. 특히 'No.850' 연필깎이는 부드럽고 뾰족하게 깎는 맛이 있어 사랑받는 제품입니다.

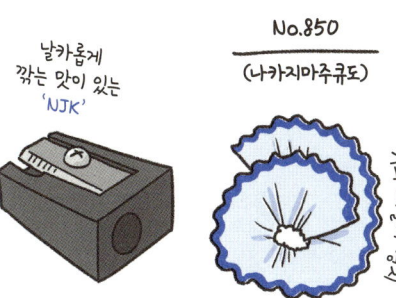

'비틀어서 깎는' 새로움

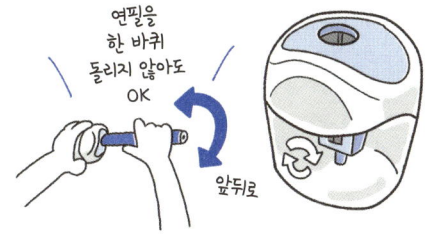

연필을 한 바퀴 돌리지 않고 앞뒤로 비틀어가며 깎는 '라체타 핸디 연필깎이.' 연필 전체를 돌려가며 깎는 것보다 편리하고 빠릅니다. 연필을 넣으면 자동으로 입구가 열리고, 연필을 빼면 닫히는 셔터 기능이 있습니다.

페트병이 연필깎이로 대변신

'연필깎이 캡'은 페트병을 재활용할 수 있는 연필깎이입니다. 연필 가루를 페트병에 모아 한 번에 버릴 수 있죠. 페트병을 버리면서 연필깎이까지 버리지 않도록 조심합시다.

볼펜
Ballpoint pen

흑백을 분명히,
또렷한 사고를 도와주는
업무 파트너

신문용 잉크에서 탄생하다

잘 마르는 잉크가 있었기에

펜 끝에 구슬을 넣는 아이디어는 1880년대에도 있었지만, 잉크가 새는 문제 때문에 실용화되지는 못했습니다. 그러다 1938년, 헝가리의 라슬로 비로가 가능성을 발견했습니다. 빨리 마르는 신문용 잉크를 만년필에 이용하려 했다가 만년필의 펜촉까지 잉크가 흘러내리지 않아 실패했는데, 이를 볼펜에 적용한 겁니다.

볼펜의 대명사는 BIC이죠

1945년, 필기도구 부품 제조업을 하던 마르셀 비크가 라슬로 비로의 볼펜을 개선한 제품을 만들고 1950년 프랑스에서 'BIC' 브랜드를 창립합니다. BIC 크리스털 볼펜은 하루에 1만 개 이상 팔리면서 대성공을 거두었고, 다른 나라에도 빠르게 퍼지면서 일상용 볼펜의 대명사가 됐습니다.

Part 1.
볼펜 종류는 뚜껑, 똑딱, 트위스트 3가지

기본 구조, 뚜껑식

볼펜의 가장 기본적인 구조는 뚜껑식입니다. 뚜껑은 볼펜심이 다른 곳에 닿거나 잉크가 마르는 것을 방지합니다. 하지만 열고 닫기가 다소 번거롭고 뚜껑을 잃어버릴 염려가 있죠.

한 번 누르면 심이 나오는 똑딱볼펜

똑딱볼펜을 쓰면 뚜껑 잃어버릴 걱정은 안 해도 됩니다. 뒷부분(노브)을 누르면 심이 나오고, 한 번 더 누르면 다시 들어가는 구조입니다.

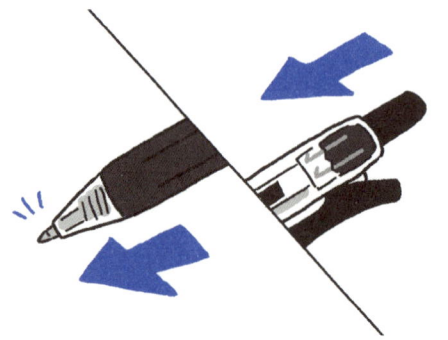

고급 볼펜에 많이 쓰이는 트위스트 구조

볼펜 몸통을 회전시켜 심을 넣고 빼는 방식입니다. 초기 볼펜이 발명됐을 당시에는 대부분이 구조였는데요, 지금은 고급 볼펜에서 주로 볼 수 있습니다.

Part 1.
물과 기름의 깊~은 관계

오래됐지만 새로운 유성 볼펜

볼펜 잉크는 용제, 색소, 첨가물로 이루어지는데, 유성 용제를 사용한 것이 유성 볼펜입니다. 유성 잉크는 점도가 높고 잘 마르죠. 세계 최초의 볼펜을 포함해 현재까지도 대부분의 볼펜이 유성 잉크를 사용합니다. 그중에서도 '제트스트림' 브랜드는 필기감이 부드럽고 잉크가 빨리 말라 손에 잘 묻지 않는 데다 색도 진해 좋은 평가를 받고 있습니다.

제트스트림
(미쓰비시연필)

수성, 부드러운 필기감으로 인기

수성 볼펜은 수성 잉크 용제를 사용하며 1964년 오토 사가 최초로 개발했습니다. 뒤이어 1972년에는 펜텔에서 펜촉에 수지제(樹脂劑) 칩을 사용한 '볼 펜텔'을 출시했는데, 필기감이 유성보다 부드러워 큰 인기를 끌었습니다. 같은 브랜드의 고급 수성 볼펜인 '롤링 라이터' 또한 각국에서 화제를 모았습니다.

과거 젊은 층 (이른바 '그린 가이green guy')에게 큰 인기였던 그린 바디

수지성

볼 펜텔 B100
(펜텔)

전 세계에서 인기 행진

롤링 라이터 AM
(펜텔)

Part 1.
---- 뭐든지 끈끈해야 해 ----

필기감이 좋고 빨리 마르는 '겔 잉크'

수성 볼펜은 필기감이 부드러워 인기를 끌었지만 잉크가 늦게 마른다는 단점이 있었습니다. 이 문제를 해결한 것이 바로 겔 잉크입니다. '겔'이란 젤리 형상이라는 뜻으로, 볼펜심 안에서는 점도 높은 겔 형태지만 펜촉 구슬이 회전하면 졸(액체)로 변하고, 종이 위에서는 다시 겔로 변화합니다. 틱소트로피(thixotropy) 현상이라고 해요.

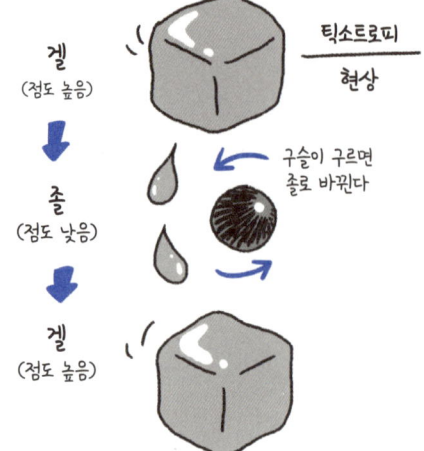

볼펜의 패권을 다투는 '유성'과 '겔'

1982년 세계 최초 겔 잉크 볼펜인 '볼 사인'이 출시됐습니다. 이 제품이 인기몰이를 하면서 겔 잉크 볼펜이 쏟아져 나오기 시작했죠. 하지만 유성 볼펜의 반격도 만만치 않았습니다. 2006년 필기감을 내세운 유성 볼펜 제트스트림이 출시되어 인기를 끌었거든요. 지금은 겔 볼펜과 유성 볼펜 경쟁시대라 할 수 있습니다.

Part 1.
---- 누구에게나 지우고 싶은 과거, 아니 잉크가 있다 ----

볼펜 잉크를 지울 수 있다니?

2007년, 파이롯트가 획기적인 볼펜을 내놓았습니다. 바로 지워지는 볼펜 '프릭션 볼'입니다. 펜 뒤쪽에 붙은 고무로 문지르면 마찰열(60~65℃)로 글씨를 지울 수 있습니다. 고온에서 색이 없어지는 '메타모 컬러' 기능을 이용한 건데요, 제품에는 영하 20~영상 65℃에 대응하는 '프릭션 잉크'를 사용했습니다. 글씨는 영하 10~영상 20℃가 되면 다시 나타납니다.

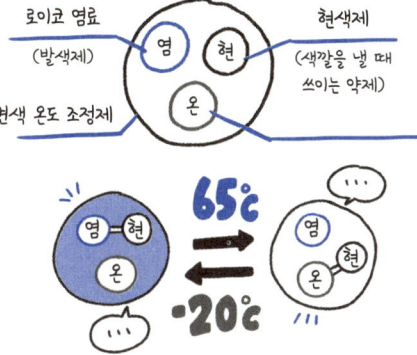

뜨거운 곳은 안 돼요! 보관에 유의할 것

프릭션 볼로 필기한 노트를 여름날 차 안에 두면 높은 온도 때문에 내용이 모두 지워지기도 합니다. 지워진 내용을 복구하려면 콜드 스프레이를 뿌리거나 냉동실에 넣으면 됩니다. 이같은 특성 때문에 증명서류나 우편물의 수신인 란에는 사용할 수 없으니 주의하세요.

Part 1.
---- 요즘 볼펜들의 진화 ----

1인 2역, 3역, 4역까지! 색조합 볼펜

볼펜은 심이 얇기 때문에 심 몇 개를 하나의 볼펜에 한꺼번에 넣을 수 있습니다. 2~4색이 보통이지만, 볼펜과 샤프를 합친 '샤보(SHAR-BO)'도 있습니다. 최근에는 '하이테크C 콜렉트' 등 잉크 색을 마음대로 골라 조합할 수 있는 유형이 인기입니다.

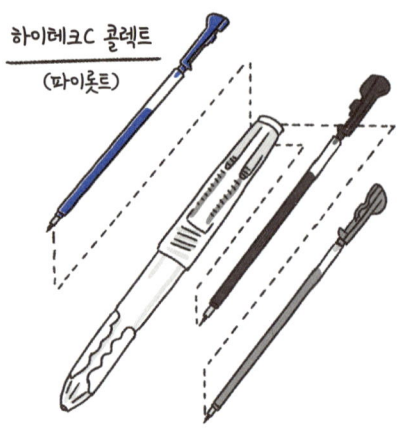

하이테크C 콜렉트
(파이롯트)

물과 기름의 장점만 고른 에멀션 잉크

겔 잉크를 더욱 발전시킨 것이 제브라가 개발한 '에멀션 잉크'입니다. 쉽게 말해 기름 속에 물이 미립자 모양으로 분산되어 있는 상태예요. 유성과 수성 잉크를 7:3 비율로 배합해, 수성의 장점인 필기감과 유성의 특징인 빠른 건조를 겸비했습니다.

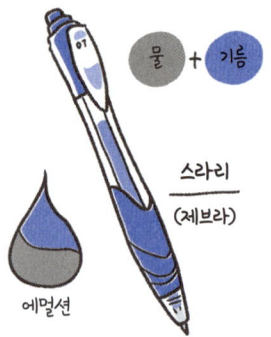

스라리
(제브라)

에멀션

제 5의 필기구

인제뉴어티
(파카)

볼펜을 넘어선 인제뉴어티

파카의 '인제뉴어티'는 잉크가 진화하면서 탄생한 최첨단 펜으로, 5세대 펜 플랫폼 기술을 적용했습니다. 필기감이 부드러우며 끊김 현상이 없고, 종이에 닿으면 잉크도 빨리 마릅니다. 만년필처럼 사용자의 필기 스타일에 맞춰 펜촉이 길든다는 장점도 있어 문구 마니아들의 소유욕을 자극하고 있습니다.

볼펜 잉크 지우는 요령

골치 아픈 유성 잉크 지우기

유성 잉크가 손에 묻으면 물로는 잘 지워지지 않습니다. 그럴 때는 비누로 문지르고 미온수로 닦아내는 방법이 가장 효과적입니다.

옷에 묻었다면 아세톤으로!

옷에 유성 잉크가 묻었다면 매니큐어 지우는 아세톤이나 소독용 에탄올이 효과적입니다. 잉크가 더 넓게 번지지 않도록 천을 대고 안쪽에서 두드리듯 눌러줍니다. 하지만 색이 옅어지기는 해도 완전히 지워지지는 않으니 평소에 조심하도록 합시다. 겔 잉크를 지울 때는 중성세제를 쓰면 됩니다.

샤프
Mechanical pencil

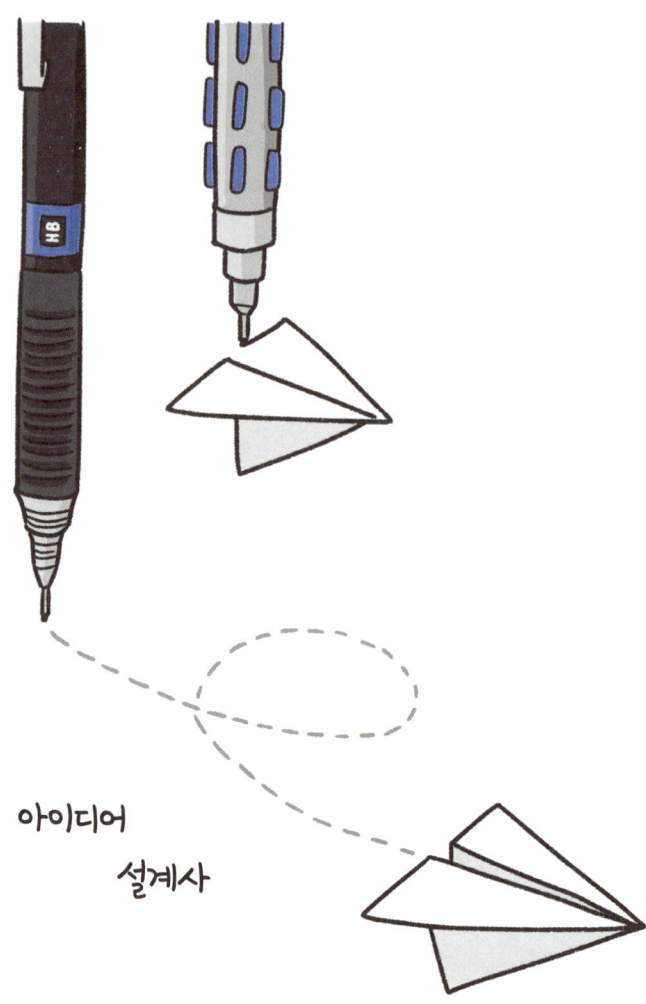

아이디어 설계사

모양부터 샤프하지요

미국에서 탄생한 샤프

샤프의 원조는 1822년 영국의 존 호킨스와 샘프슨 모던이 공동으로 특허를 획득한 회전식 연필로 알려져 있습니다. 말 그대로 회전시키면 심이 나오는 연필이었죠. 하지만 처음으로 상품화된 것은 1837년 미국의 키런이 만든 '에버샤프(EVER SHARP)'로, 이 제품이 세계 최초의 샤프라 불립니다.

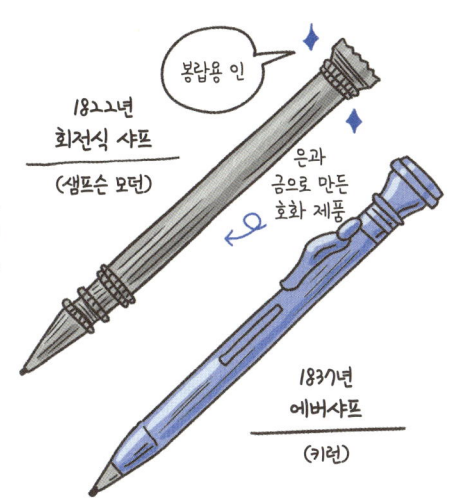

한국에서는 한국파이롯트가 최초

한국에서는 1972년 한국파이롯트가 처음으로 샤프를 생산하기 시작했습니다. H-100, H-200모델이 그 주인공인데요. 가격은 100원, 200원이었다고 합니다. 일본에서는 1915년 금속제 회전 샤프인 '에버레디 샤프'가 등장했는데, 당시에는 심을 얇게 만들기가 어려웠기 때문에 굵은 심을 깎아 사용했습니다. 이 창업자는 후일 가전업체를 설립하는데, 기존의 제품명에 착안해 기업명을 '샤프'로 지었습니다.

샤프심은 어떻게 나오는 걸까?

열고, 떨어뜨리고, 잡고, 내보내고, 다시 열고, 떨어뜨리고…

샤프 노브를 누르면 심을 잡고 있는 척(클러치)이 아래로 내려가며 앞부분이 열리게 됩니다. 그러면 심이 중력에 의해 1mm 정도 내려오고, 버튼에서 손을 떼면 척이 위로 올라오면서 다시 심을 잡습니다. 이 과정을 반복하면 심이 조금씩 바깥으로 나옵니다.

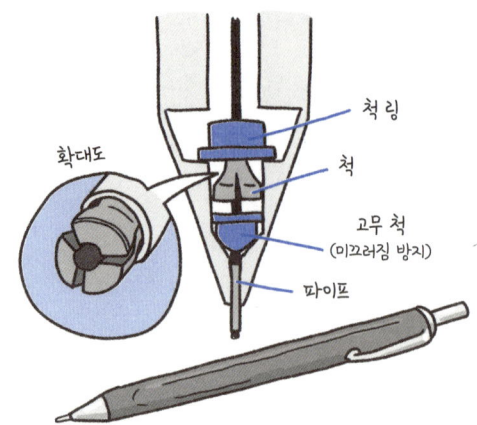

고쳐 잡을 필요 없이 간편하게

샤프 위쪽 노브를 눌러 샤프심이 나오면 필기를 위해 샤프를 고쳐 잡아야 하죠. 하지만 이 과정이 너무 번거롭다면 샤프 옆에 노브가 달린 '사이드 노크 방식', 한 번만 똑딱 누르면 자동으로 심이 나오는 '오토매틱 방식', 샤프를 흔들면 심이 나오는 '셰이커 방식' 등 고쳐 잡을 필요 없는 샤프도 써보시기 바랍니다.

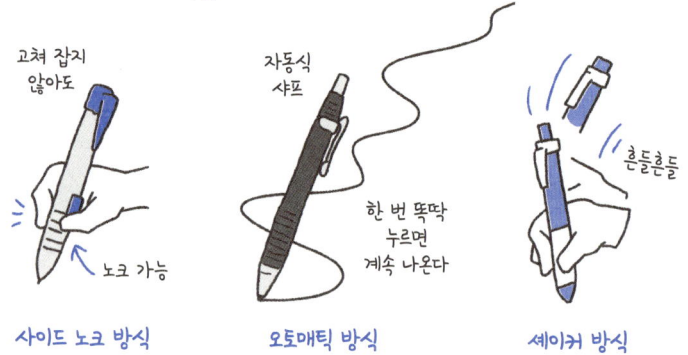

Part 1.
---- 심의 강도가 다르답니다 ----

강도를 결정하는 것은 '플라스틱'

연필심은 흑연과 점토를 구운 뒤 굳혀서 만들지만, 샤프심은 점토 대신 플라스틱을 쓰기 때문에 0.3mm나 0.5mm 굵기라도 잘 부러지지 않습니다.

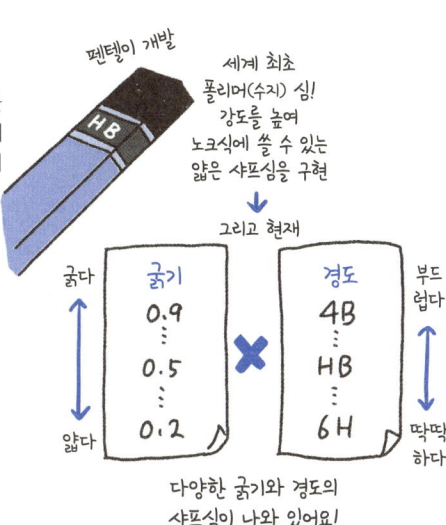

경도가 같아도 필기감은 다르다

샤프심도 종류가 많은데요, 경도는 같아도 필기감이 조금씩 다르기 때문에 직접 써보고 구매하는 것이 좋습니다. 샤프심 통도 꺼내는 방식이나 뚜껑 여는 방식에 차이가 있고, 샤프심을 편리하게 넣을 수 있도록 한 특색 있는 제품들이 눈에 띕니다. 평소에 쓰는 용도로는 '아인 스테인', '유니 나노 다이아 샤프심'이 가격도 적당하고 품질도 좋습니다.

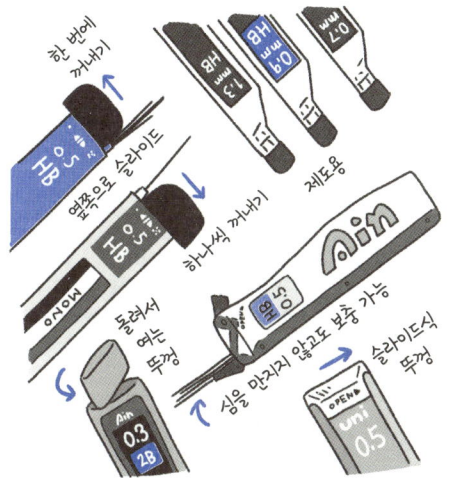

Part 1.
샤프는 점점 더 샤프해진다

굵기에는 이유가 있다

'닥터 그립'은 필기할 때 어깨와 팔의 부담을 덜 수 있도록 만든 인체공학적 디자인을 자랑합니다. 장시간 필기해야 하는 분들에게 추천합니다.

겉모습은 연필이지만 사실은 샤프

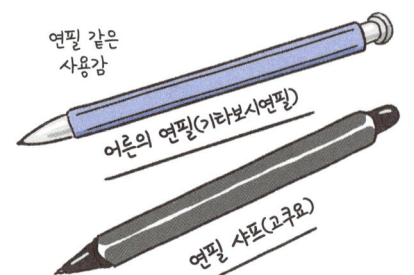

'어른의 연필'과 '연필 샤프'는 굵기와 형태 모두 연필과 비슷하게 만들어졌습니다. '어른의 연필'은 심이 2mm인데, 부속품인 '연필심 깎이'로 심을 깎아서 씁니다. '연필 샤프'는 0.7mm, 0.9mm, 1.3mm 중에서 고를 수 있습니다.

빙글빙글 돌려서 언제나 뾰족하게!

샤프를 종이에서 떼는 순간 샤프심이 조금씩 회전하는 구조입니다. 샤프를 쓰다 보면 그립부가 고정돼 있어서 심의 한쪽 면만 계속 닳는데, 이 제품은 조금씩 돌려가며 전체적으로 마모시키기 때문에 심 끝을 늘 뾰족하게 유지할 수 있습니다. 중심부가 주변보다 단단해 뾰족하게 만들기 쉬운 전용 샤프심도 있습니다.

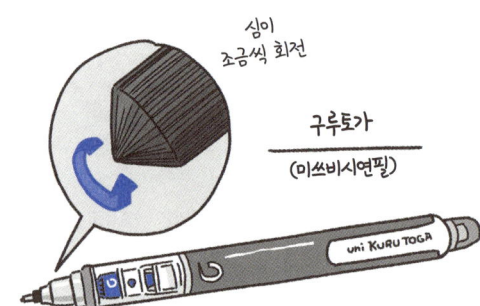

필압을 분산해 심이 부러지지 않도록

샤프심이 잘 부러지지 않는 '델 가드' 시리즈입니다. 심 끝에 가해지는 필압을 스프링이 분산해 부러지지 않게 막아줍니다. 또한 심이 짧아져도 샤프 안에 끼지 않도록 막아줍니다.

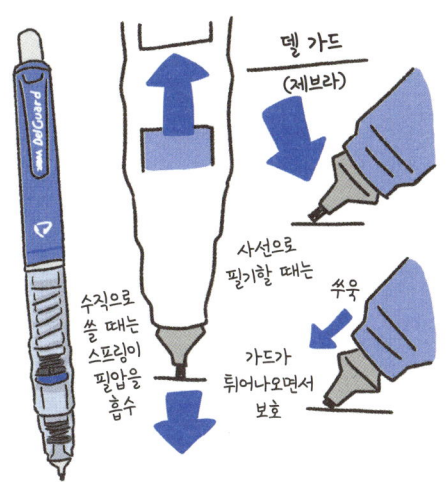

심도 보호해주고, 버튼을 누르지 않아도 되는 획기적 상품

펜텔 '오렌즈'는 금속 파이프가 샤프심을 보호해 심이 부러지지 않도록 방지합니다. 심 길이에 따라 파이프도 함께 나오고 들어가는 것이 특징입니다. 자동 심 추출 기능을 갖춘 '오렌즈 네로'도 있습니다. 샤프를 종이에서 떼면 자동으로 심이 나오기 때문에 노크하지 않고도 사용 가능합니다.

만년필
Fountain pen

쓰는 쾌감이란 이런 것!

학은 천년, 펜은 만년?

만년필의 뿌리는 고대 이집트 문명

펜촉에 잉크를 묻혀 글씨 쓰는 방식은 아주 오래 전으로 거슬러 올라갑니다. 고대 이집트 유적에서 발견된 펜은 기원전 2400년경으로 추정되는데요, 갈대 선단을 2개로 갈라 만든 갈대 펜입니다. 이후 6세기에 유럽에서 깃털 펜이 탄생했고, 1780년에 영국의 새뮤얼 해리슨이 강철판을 말아 선단을 2개로 갈라 만든 금속 펜촉을 발명했습니다.

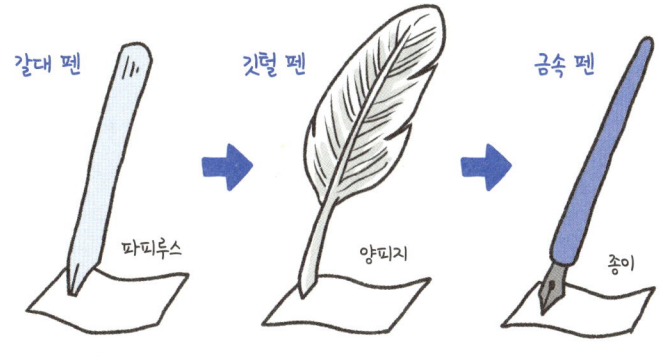

잉크 마름 극복!
이제 오래오래 사용할 수 있어요!

펜촉에 잉크를 묻혀가며 쓰면 잉크가 금방 마릅니다. 그래서 1809년 영국에서 펜 안에 잉크를 저장하는 구조가 만들어졌는데, 이것이 만년필의 시초입니다. 현재와 같이 모세관 현상을 이용한 제품은 1884년 미국의 루이스 에드슨 워터맨이 처음 발명했습니다. '만년필'은 말 그대로 만년, 즉 오랫동안 쓸 수 있는 필기구라는 뜻입니다.

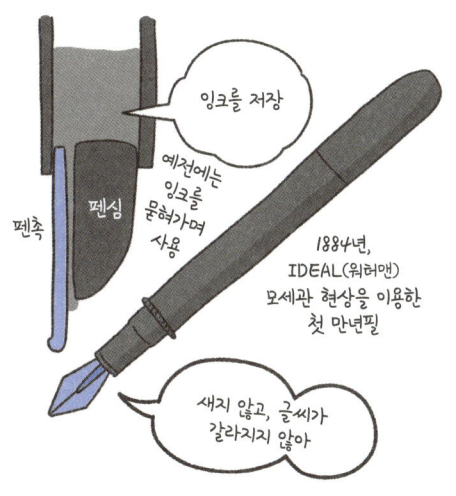

Part 1.
---- 종이와 마음에 스미는 잉크 이야기 ----

옛 만년필의 맛 '흡입식'

만년필에 잉크를 보충하는 방식은 흡입식과 카트리지식이 있습니다. 흡입식은 펜 끝으로 병 잉크를 빨아들이는 방식입니다. 회전 흡입식, 플런저식, 스프링식, 아이드로퍼식 등 다양한 방법이 있지만, 현재는 대부분 회전 흡입식을 사용합니다. 카트리지식보다 잉크를 많이 넣을 수 있고 더 저렴합니다.

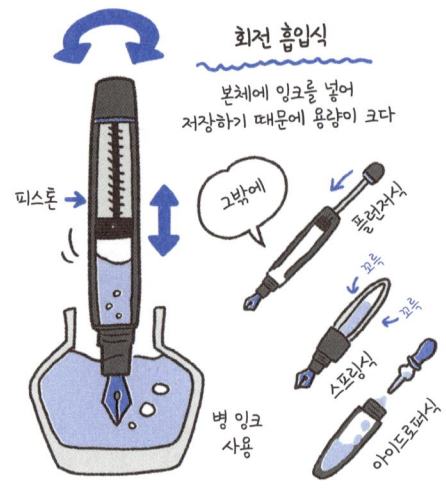

간편하고 휴대하기도 좋은 '카트리지식'

카트리지식은 리필을 교체해가며 사용하는 방식입니다. 간단하게 잉크를 보충할 수 있어 선호도가 높습니다. 병 잉크를 카트리지식 만년필에 사용할 수 있게 해주는 컨버터도 각 브랜드마다 있습니다.

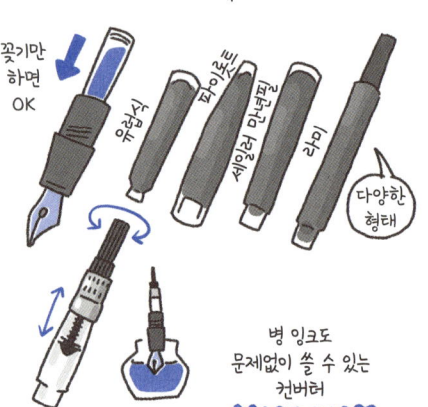

**안료 잉크가 등장하며
컬러풀해진 만년필**

만년필 잉크에는 '안료 잉크'와 '염료 잉크'가 있습니다. 염료는 용제에 녹는 착색제, 안료는 녹지 않는 것을 가리킵니다. 염료는 발색이 좋지만 잘 번지고, 안료는 내수성과 내광성이 뛰어나지만 입자가 커 구멍을 막기 쉬운 것이 특징입니다. 만년필 잉크는 일반적으로 염료 잉크를 많이 썼지만, 구멍을 막지 않게끔 입자를 잘게 쪼개는 기술이 개발돼 컬러풀한 안료 잉크도 사용할 수 있게 됐습니다.

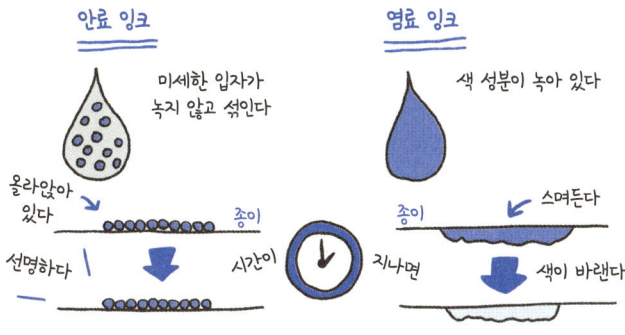

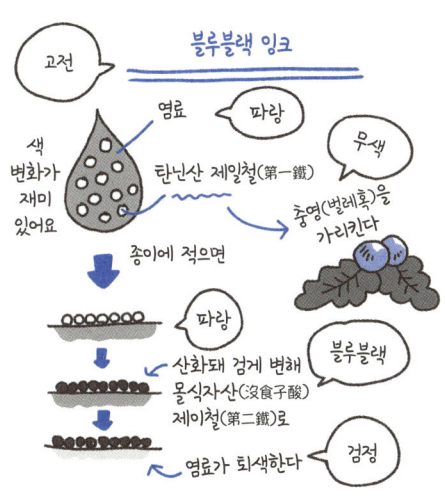

**세월이 지나며
'블루'에서 '블랙'으로**

만년필용 잉크의 기본 색상 '블루블랙'은 원래 장기보존용으로 개발되었습니다. 글씨를 쓴 직후에는 파랗지만, 시간이 지나면 종이 표면에 부착된 탄닌산 제일철이 공기 중의 산소와 결합해 검게 변하기 때문에 블루블랙이라 불립니다. 산화철이 들어 있는 옛날식 블루블랙 잉크는 이제 많이 나오지 않지만, 플래티넘이나 펠리칸 등에서 여전히 생산하고 있습니다.

Part 1.
---- 고급의 경계를 넘어 ----

나미키 만년필은?

고급 만년필을 이야기할 때 '나미키 마키에 만년필'이 빠지지 않습니다. 옻칠 위에 금이나 은가루를 뿌리고 무늬를 그려넣는 일본 칠공예를 '마키에'라 하는데, 바로 이 기법으로 멋을 낸 만년필입니다. 파이롯트가 기업 전신인 나미키 제작소의 전통을 잇기 위해 만든 제품이죠. 마키에 만년필 시리즈 중에서도 최고봉은 '엠퍼러 컬렉션'입니다. 90년 전 제작된 대형 마키에 만년필과 같은 사이즈인 50호 펜으로, 에보나이트로 만든 보디에 도기다시타카(研出高) 마키에 기법으로 장식을 새겼습니다.

예술품 같다...

나미키 엠퍼러 컬렉션 (파이롯트)

아름답네요

로또 되면 사야지...

유명인도 애용한 '어른의 만년필'

유명인이 써서 이름이 알려진 만년필도 있죠. 맥아더가 애용한 파카 듀오폴드, 마쓰모토 세이초와 이시하라 유지로의 몽블랑 마이스터스틱 149, 아카가와 지로가 애용한 펠리칸의 소버린 M500 등이 그렇습니다.

언젠가 갖고 싶은 어른의 만년필

아카가와 지로가 애용한 소버린(펠리칸)

마이스터스틱(몽블랑)

듀오폴드(파카)

맥아더가 애용한

마쓰모토 세이초가 애용한

역사와 함께한 만년필들

첫 만년필은 스타일리시하게

젊은 층에게 첫 만년필로 추천하기에 제격인 제품은 스타일리시하고 가격도 합리적인 라미(LAMY)의 '사파리' 라인입니다. 빨강, 파랑, 노랑 등 원색 몸체와 커다란 클립이 특징으로, 필기감도 좋습니다. 볼펜처럼 노크를 눌러 쓰는 파이롯트 '캡리스'도 입문자용으로 추천합니다.

저렴한 가격으로 가볍게 쓸 수 있어요

만년필은 비싸다는 인식이 강하지만, 최근에는 입문자용 저가 만년필이 많이 나와 있습니다. 파이롯트 '카쿠노'나 플래티넘 '프레피', '프레이저'는 3만~10만 원 정도여서 비교적 부담 없이 쓸 수 있습니다.

펠트펜·마커
Felt pen

예술작품에도,
현장에서도,
공부하는 노트에도

우린, 돋보여야 해.

---- 어디에나 쓸 수 있다니 마법 같아! ----

펠트펜의 등장은 1940년대

펜촉이 섬유로 만들어진 펠트펜, 즉 마커는 1940년대에 처음 등장했습니다. 초창기에는 만년필과 비슷한 디자인에 잉크통도 있었지만, 펠트처럼 작은 구멍이 난 재질로 촉을 만들었다는 점이 다릅니다. 마커를 흔히 '매직'이라 부르는 데에는 이유가 있습니다. 1953년에는 시드니 로젠탈이 모직 펠트 심지와 촉 그리고 두꺼운 잉크 유리병을 사용한 펠트펜을 내놓았는데, 어떤 표면에도 쓸 수 있어 '매직 마커'라 불렀거든요. 같은 해 데라니시화학공업에서는 유성 잉크를 사용한 '매직잉크'를 출시하기도 했습니다.

우주까지 간 사인펜

펜촉을 펠트나 화학섬유로 만든 펜은 매직 마커 이후에도 여러 종류가 개발됐습니다. 1963년에 선보인 '펜텔 사인펜'도 그중 하나입니다. 펜촉에 아크릴 섬유를 사용했으며, 잘 번지지 않는 수성 잉크 덕분에 글씨를 얇게 쓸 수 있었습니다. 당시 미국 대통령이었던 린든 존슨이 사용하면서 인기를 끌었고, 나사(NASA)가 제미니 호에서 사용하면서 우주에 다녀온 펜으로 알려졌습니다.

Part 1.
---- 원리는 들판에 피는 꽃과 같다 ----

모세관 현상을 이용해 잉크를 공급한다

펜촉이 섬유로 만들어진 펠트펜(사인펜, 마커 등 다양하게 불린다)은 식물이 물을 흡수하는 '모세관 현상'을 이용해 펜촉에 잉크를 공급합니다. 잉크 저장 방식으로는 면에 잉크를 스며들게 하는 '중면식(中綿式)'과 액체 상태 그대로 저장하는 '직액식(直液式)'이 있습니다.

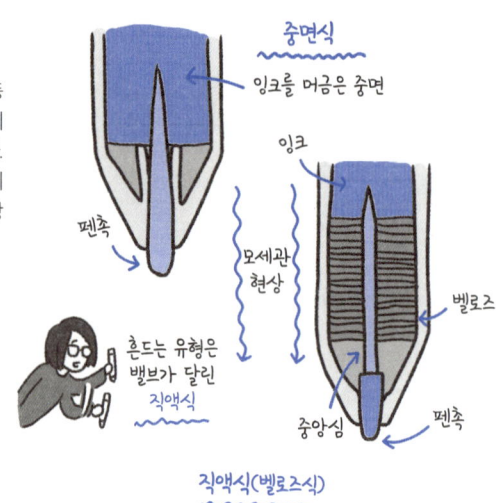

어디에나 쓸 수 있는 '유성', 다채로운 '수성'

펠트펜은 크게 유성과 수성으로 나뉩니다. 유성은 속건성으로 다양한 곳에 사용 가능하다는 특징이 있습니다. 반면 수성은 물을 튕겨내는 곳에는 사용이 불가능하지만 색상이 다채롭습니다. 예외적으로 다양한 곳에 사용 가능하고 색도 다양한 미쓰비시연필의 '포스카'처럼 양쪽의 장점만 모아놓은 제품도 있습니다.

Part 1.
---- 빛나는 펜과 만나다 ----

중요한 곳엔 형광펜

형광펜(하이라이터)도 펠트펜의 일종입니다. 학생과 회사원의 필수품이죠. 처음에는 노랑과 분홍색 정도였지만 요즘에는 색상도 다양합니다. 세계 최초의 형광펜은 독일의 스타빌로에서 1971년에 출시한 '스타빌로 보스'입니다.

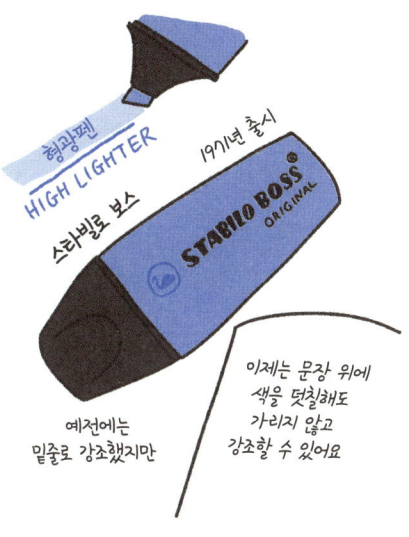

암기할 때 필수! 체크펜

형광펜에 쓰인 기술을 응용해 만든 제품이 1982년 출시한 '암기펜'입니다. 문장이나 단어를 펜으로 칠한 뒤 투명한 시트를 올리면 칠한 부분이 가려져서 검게 보입니다. 처음에는 빨강과 초록 두 가지 색상으로 출시되었지만 지금은 분홍색과 파란색도 나오고 있으며, 잉크도 종이 뒷면에 비치지 않게 개량했습니다.

붓펜
Fude pen

붓의 표현력은 특별한 구석이 있다

세계 최초는 세일러, 판매 1등은 구레타케

붓펜도 펜촉을 섬유로 만들기 때문에 펠트펜의 한 종류라 할 수 있습니다. 1972년 세일러 만년필이 최초의 붓펜을 출시했고, 같은 해 '구레타케 붓펜'이 등장했습니다. 이 제품은 필기감이 붓과 흡사해 큰 인기를 끌었고, 현재는 '구레타케 붓' 시리즈도 판매되고 있습니다.

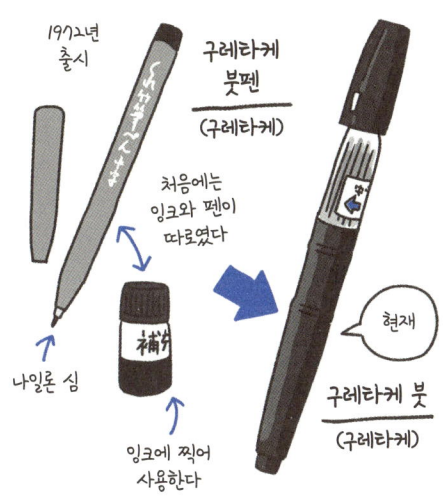

먹물 묻히듯 듬뿍

보통 펠트펜은 모세관 현상으로 잉크를 펜촉에 공급하는 중면식이나 직액식입니다. 그러나 붓펜은 잉크가 더 많이 필요하기 때문에 잉크 카트리지를 눌러 펜촉에 잉크를 공급하는 스퀴즈식을 주로 사용합니다.

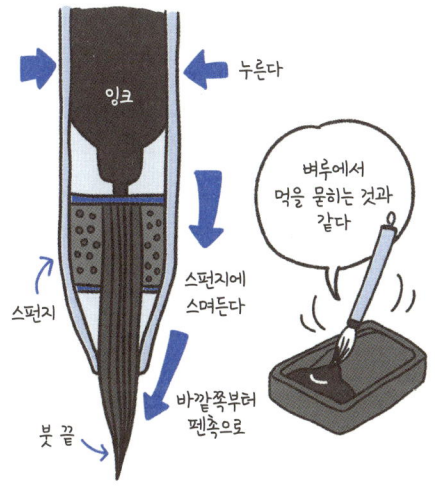

Part 1.
---- 붓펜만 있으면 나도 예술가! ----

축하할 때나 위로할 때

붓펜 하면 경조사가 떠오르죠. 축의금이나 부의금 봉투에 붓펜을 쓰는 분도 많고요. 산다면 축의금 봉투에 사용하는 새까만 먹색과 부의금 봉투에 사용하는 옅은 먹색을 함께 사용할 수 있는 경조 겸용 제품을 추천합니다.

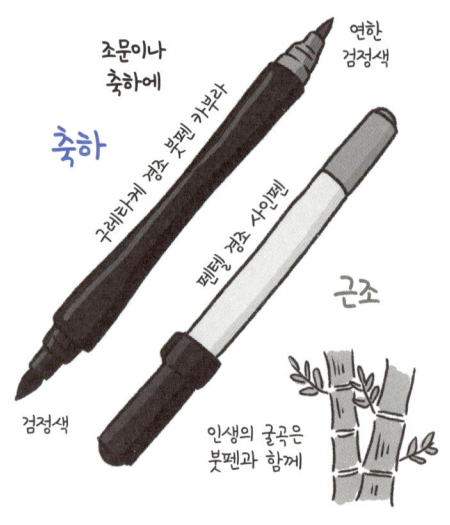

그림 그릴 때도 대활약! 18색 붓펜

색이 다양한 펜텔의 '아트브러시'입니다. 색이 18가지나 있어서 글씨 쓰는 용도뿐 아니라 그림 그리는 화구로도 각광받고 있습니다.

디자인도 잉크도 '귀염뽀작!'

'코코이로(COCOIRO)'는 캐주얼한 만년필처럼 보이지만 사실 붓펜입니다. 16가지 색이 있고, 따로 나온 잉크 라인업도 12색이나 됩니다. 잉크에 글리터가 들어간 '윙크 오브 스텔라 브러시(WINK OF STELLA BRUSH)'도 있는데, 색상도 9가지로 다양해 다이어리를 꾸미는 '다꾸족'에게 사랑받고 있습니다.

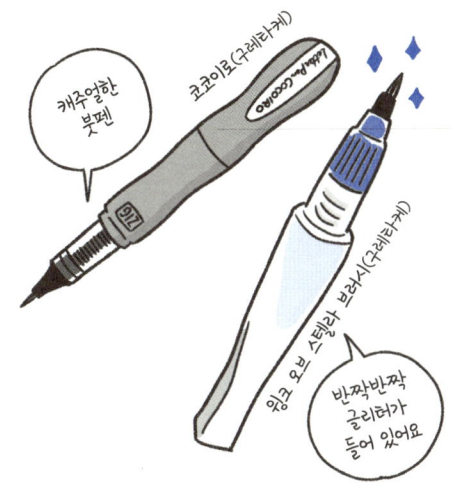

획을 긋고, 흘리고, 점을 찍어 아름다운 글자를 쓴다

'미문자(美文字) 붓펜'은 아름다운 한자를 쓰기 위해 개발한 제품입니다. 잡기 편하도록 고무 그립이 달려 있고 펜촉이 단단해 쓰기도 편합니다. 붓글씨에 서툰 사람도 선의 강약을 살리고 획을 긋기 쉽기 때문에 나름대로 아름다운 글씨를 쓸 수 있습니다. 펜촉 굵기도 5가지나 되고요.

지우개
Eraser

글자는 빵으로만 지우는 게 아냐

빵에서 천연고무, 그리고 플라스틱으로

지우개가 탄생한 것은 1770년. 영국의 조지프 프리스틀리가 천연고무를 사용하면 연필로 쓴 글씨를 지울 수 있다는 사실을 발견하면서입니다. 그전에는 빵을 사용했으며, 지금도 목탄 데생을 지울 때 많이 쓰입니다. 오늘날 흔히 볼 수 있는 지우개는 플라스틱으로 만들어요. 1959년 시드고무공업에서 개발했습니다.

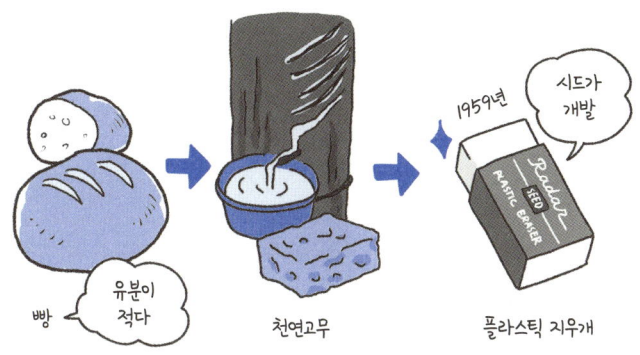

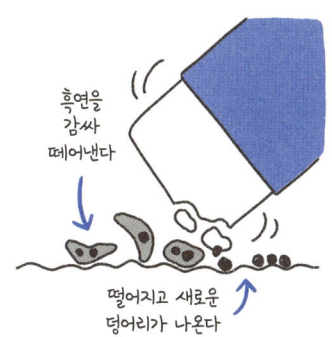

흑연을 감싼 종이에서 떼어낸다

지우개로 글씨를 문지르면 지우개 고무가 흑연을 감싼 종이에서 떼어냅니다. 이런 원리로 글씨가 지워지고, 문질러진 지우개의 표면이 떨어지면서 지우개 가루가 생기게 됩니다. 이 작업을 반복하면 글자가 지워집니다.

Part 1.
---- 지우개 춘추전국시대 ----

인기 지우개, 처음엔 덤이었어요

지우개의 정석이라 할 수 있는 톰보우연필의 '모노(MONO) 지우개.' 이 제품은 1967년에 출시된 고급 연필 'MONO-100' 상자에 동봉된 덤이었지만, 인기가 좋아 1969년에 정식 상품으로 내놓았습니다.

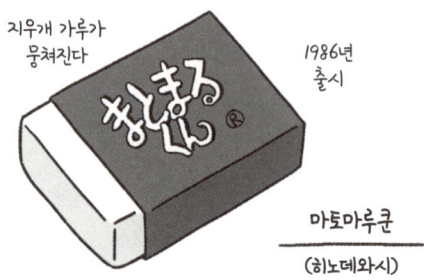

지우개 가루가 날리지 않아 깔끔

지우개를 쓰다 보면 성가시게 쌓이는 지우개 가루 때문에 귀찮죠. 이 문제를 해결하고자 개발된 것이 '마토마루쿤'입니다. 부드러운 플라스틱을 사용해 지우개 가루가 지우개 본체에 달라붙기 때문에 손쉽게 처리할 수 있습니다.

잘 지워지는 비밀은 '공기'

지우개는 모서리 부분을 써야 더 잘 지워지지요. 그래서 모서리로 지우는 감각을 유지하기 위해 지우개 안에 공기 입자(다공질 세라믹 파우더)를 넣은 제품이 '에어인(AIR-IN)'입니다. 업그레이드 버전인 'W에어인'은 공기가 든 캡슐 파우더를 추가해 가볍게 문지르기만 해도 잘 지워집니다.

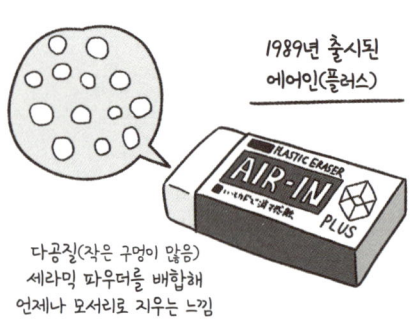

각질수록 지우기 쉽다

각진 모서리를 활용한 디자인이 돋보이는 '가도케시'입니다. 모서리가 28개나 있어, 지워도 지워도 끊임없이 새 모서리가 만들어집니다. 작은 글씨를 지울 때는 각진 부분으로, 넓은 범위를 지울 때는 면으로 지우는 등 구분해서 쓰는 재미도 있고요. 뉴욕 현대미술관(MoMA) 디자인 컬렉션에도 뽑힌 제품입니다.

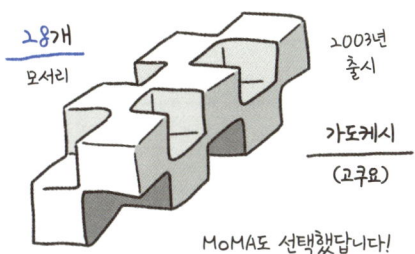

제도와 데생에 가장 적합한 지우개는?

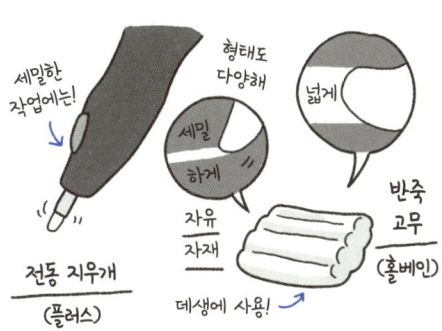

제도처럼 세밀한 작업을 할 때는 건전지의 힘으로 지우개를 회전시키는 전동 지우개가 편리합니다. 또 데생에는 점토처럼 부드러운 반죽 고무를 사용하는데, 흑연이 많이 사용되는 작업인 만큼 흑연을 최대한 많이 떼어내서 지우기 좋기 때문입니다.

볼펜과 만년필, 타자기용 지우개도

모래 지우개는 볼펜과 만년필, 타자기용으로 쓰입니다. 사포처럼 종이를 긁어내는 제품으로, 수정액이 나오기 전 많이 사용했습니다. 타자기용은 1행 분량만 지울 수 있는 얇은 판 모양으로, 원형이나 팔각형 모양도 있습니다.

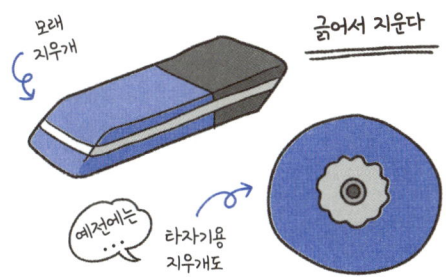

수정액 · 수정테이프
Correction fluid / Correction tape

'성공'은 '실패'를 딛고 만들어진다

Part 1.
---- 하얗게 칠해버려! ----

비서의 스트레스가 탄생의 계기

수정액이 없던 시대에는 타자를 한 글자라도 잘못 치면 처음부터 다시 쳐야 했습니다. 은행 비서였던 베티 네스미스 그레이엄은 어떻게 하면 좀 더 효율적으로 작업할 수 있을지 고민하다가 틀린 글자만 하얗게 칠하는 수정액을 고안했습니다. 이 수정액은 '미스테이크 아웃(Mistake Out)'이라는 이름으로 1951년 상품화됐고, 이후 '리퀴드 페이퍼'라는 브랜드로 성공을 거두었습니다.

펜이 바뀌면 수정액도 바뀐다

우리나라에서는 1986년 '동기바르네'가 최초의 수정액을 출시했고, 일본에서는 그보다 앞서 1970년 마루주카세이가 '미즈논'을 처음 내놓았습니다. 원래 마루주카세이는 잉크를 찍어 쓰는 펜을 위한 잉크 지우개를 판매했으나, 이 제품은 잉크를 하얗게 변색시키는 원리라 볼펜 잉크에는 사용할 수 없었기 때문에 하얗게 칠하는 볼펜용 수정액을 개발했다고 합니다.

Part 1.
펜은 솔보다 강하다

펜촉에서 수정액이 나오는 스퀴즈식 펜형 수정액

처음 출시된 수정액은 솔로 바르는 방식이었다가 1983년에 펜촉에서 수정액이 나오는 펜형 수정액이 등장했습니다. 본체를 누르면 수정액이 나와서 펜촉에 공급되는 구조로, 섬세하게 수정할 수 있어 인기를 끌었습니다. 흔들면 딸각거리는 소리가 나는 이유는 수정액 성분이 분리되거나 가라앉지 않도록 금속 구슬이 들어 있기 때문입니다.

펜형과 보틀형이 시장을 양분하다

펜형 등장 이후, 뚜껑을 누르는 '캡 펌프식'과 노크를 누르는 '노크 가압식' 등 다양한 수정펜이 나오기 시작했습니다. 넓은 범위를 칠해야 한다면 솔로 수정액을 바르는 보틀형, 섬세한 수정이 필요할 때는 펜형 수정액을 쓰도록 용도가 나뉘면서 시장 또한 보틀형과 펜형이 양분하게 되었습니다.

※ 흔들거나 누르지 않아도 되는 내부 가압식도 있다

Part 1.
---- 액체에서 테이프의 시대로 ----

'건조한' 점이 매력

수정용 문구는 오랫동안 액체가 대세였습니다. 그러다 1989년에 수정테이프 '케시워드'가 등장했습니다. 수정액과 달리 말리는 단계가 필요 없어 바로 글씨를 덧쓸 수 있는 획기적인 제품이었습니다.

케시워드(시드)

수정테이프의 혁신은 멈추지 않는다

케시워드를 개발한 시드에서 기본 특허 라이선스를 공여하면서 다른 기업에서도 수정테이프가 나오기 시작했습니다. 테이프 표면에 무늬를 넣어 종이 뒷면에 글자가 비치지 않게 만든 제품이나, 붙이고 뗄 수 있는 제품도 등장했습니다. 또한 본체를 옆으로 눕혀 사용하는 방식, 펜처럼 노크를 누르면 테이프를 넣고 뺄 수 있는 제품 등 본체 디자인도 획기적으로 진화했습니다.

당신에게도 추억의 문방구가 있나요?

이제는 동네에서도 찾아보기 힘들어진 문방구

여러분은 문구를 어디서 구입하시나요? 가까운 서점 혹은 슈퍼마켓이나 편의점? 천원숍이나 인터넷에서 사는 분도 많을 겁니다. 예전에는 으레 문방구에서 샀지만 이제는 학교 앞 아니면 문방구를 찾아보기 힘들죠. 과거에는 전국에 작은 문방구가 숱하게 있었고, 문구가 필요할 때면 근처에 있는 문방구에 가곤 했습니다. 그러나 지금은 다양한 생활용품을 파는 잡화점이나 편집숍이 늘어났고 인터넷으로 편리하게 구매할 수 있기 때문에 개인이 운영하는 작은 문방구는 점차 사라지고 있습니다.

파리 날리는 문방구, 그러나 망하지 않는 이유는?

보통 가게에서는 거래가 두 가지로 나뉩니다. 개인 고객에게 판매하는 거래, 기업 등 법인이나 학교, 관공서 등을 대상으로 하는 거래입니다. 후자는 '납품'이라고 하죠. 문방구 매출 또한 이 두 가지로 이루어집니다.

가게에 손님이 들어가는 걸 본 적이 없는데 오랫동안 자리를 지키고 있는 문방구를 보며 신기하다 생각한 적 있나요? 아마 일반 소비자와의 거래가 아니라 근처 기업이나 관공서에 납품하면서 매출을 내고 있을 가능성이 큽니다. 하지만 최근에는 거의 모든 문서작업을 컴퓨터나 태블릿PC로 처리하고 '종이 없는 사무실'이 현실화되면서 이전보다 문구류 사용이 줄었습니다. 그에 따라 많은 문방구들이 점점 사라지고 있습니다.

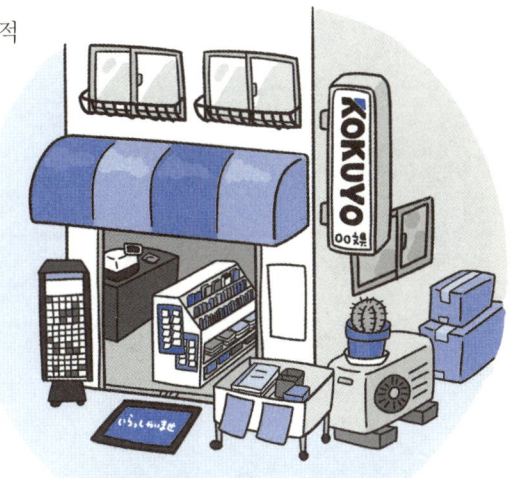

기업 대상으로 하는 문방구에서는 문구뿐 아니라 책상이나 의자, 책꽂이 등 사무용 가구까지 판매하고, 이 매출이 문구 매출을 넘어서는 경우도 적지 않다고 합니다. 또한 인쇄, 코팅, 책자 제작을 도맡아 하는 문방구도 있으니, 말 그대로 문방구는 보이지 않는 곳에서 '기업 어시스턴트' 혹은 '비즈니스 심부름센터' 역할을 해온 셈입니다.

사무실에 필요한 물건이 있으면 곧바로 불러주세요!

• ○ •

요즘은 인터넷이 이러한 비즈니스 심부름센터 역할을 대신하고 있습니다. 우리나라에서는 로켓배송처럼 빠른 배송이 활성화되어 있는데, 일본 문구계에도 유사한

서비스가 있습니다. 문구 브랜드 플러스가 1993년 시작한 '아스쿨(ASKUL)' 서비스는 말하자면 문구계의 로켓배송이라 할 수 있습니다. 사무용품 판매 및 배달 대행 서비스로, 상품을 주문하면 다음 날 도착하기 때문에 이름도 아스쿨(일본식 발음으로는 아스쿠루, 즉 '내일 온다'는 뜻의 '明日来る'와 발음이 같다.―옮긴이)로 지었습니다.

아스쿨은 특히 중소 규모 사업장에서 좋은 반응을 얻고 있습니다. 1997년에 주식회사가 되었고, 2004년에 도쿄증권거래소 1부에 상장하는 등 성장을 이어가고 있습니다.

물론 한쪽에서는 아스쿨이 기존 문방구의 입지를 좁힌다는 비판이 나오기도 했습니다. 이에 아스쿨은 지역 문방구에 신규고객 유치를 위한 영업 활동과 대금 회수, 채권 관리 등을 맡기고, 아스쿨은 카탈로그 제작과 상품 수주, 발송을 담당하는 식으로 업무를 나누었습니다. 문방구도 수익을 내도록 구조를 개선해 업계 전체를 활성화할 수 있는 지속 가능한 성장을 꾀한 것이죠.

문구점을 고르는 시대로

다시 문방구 이야기로 돌아가 봅시다. 학교 앞에 있던 구멍가게 같은 작은 문방구는 줄어드는 추세지만, 요즘의 니즈에 부응하는 문구점은 점점 늘고 있습니다.

예를 들어 교보문고나 영풍문고 같은 대형 서점에서도 만년필, 펜 등 필기도구와 북커버, 다이어리, 캘린더 같은 물품을 함께 취급합니다. 텐바이텐 같은 팬시점도 꾸준히 인기를 끌고 있고, 자기만의 색깔로 무장한 편집숍들도 등장해 새로운 라이프스타일에 걸맞은 문구류를 제안하고 있습니다.

어쩌면 지금은 '문구'만 고르는 시대가 아니라 '문구점'을 고르는 즐거움까지 있는 시대라 하겠네요.

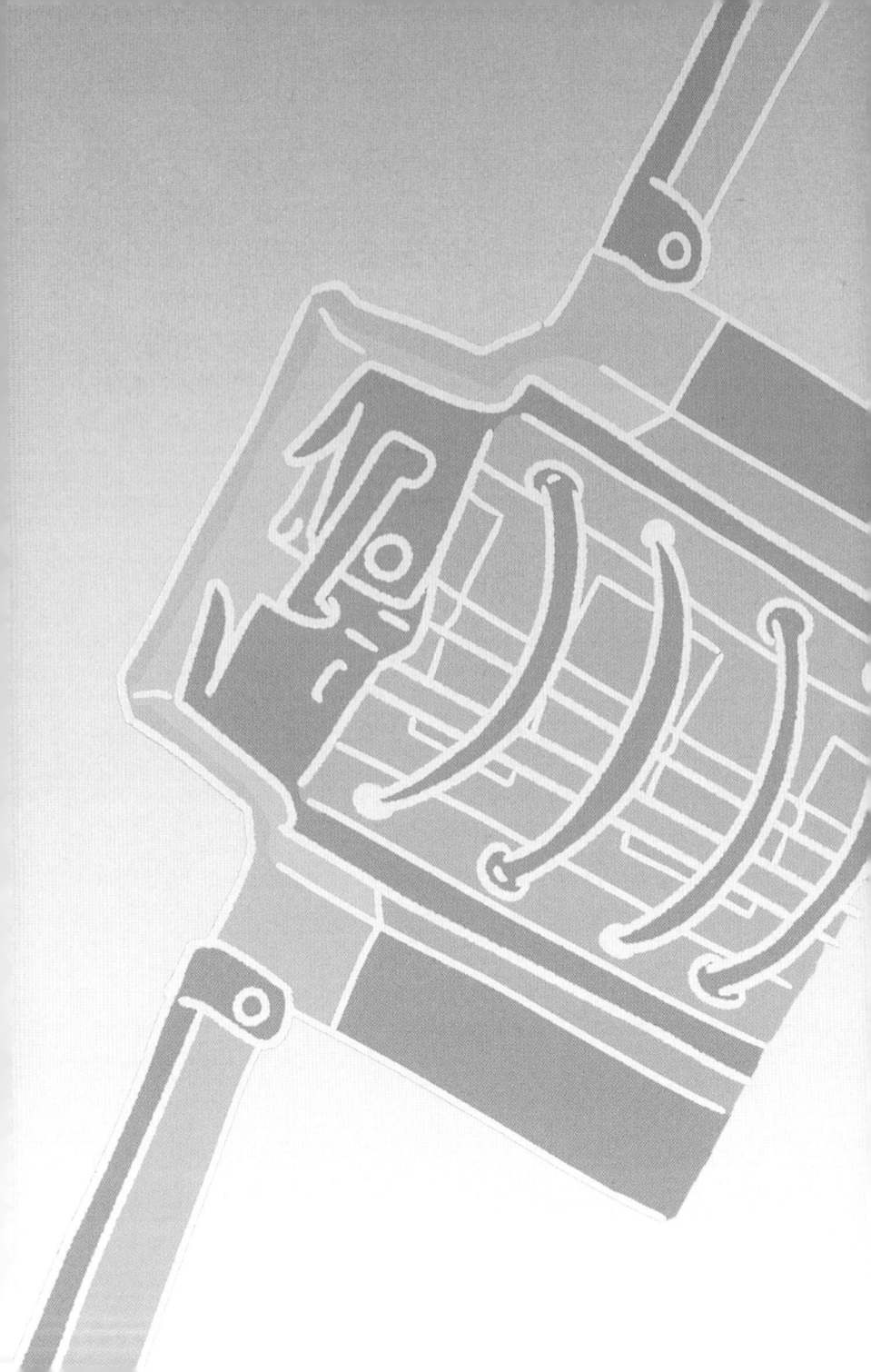

Part 2.
남기기, 그리기

노트
Notebook

기록과 기억,
생각을 담는
그릇

---- 실이여, 안녕히 ----

**양지(洋紙) 노트는
일제강점기에 들어왔어요**

양지노트는 말 그대로 서양 종이로 만든 노트라는 뜻입니다. 1884년 일본의 마쓰야(松屋)라는 문구점이 연필과 펜으로 쓰기 좋도록 출시한 노트가 시초입니다. 당시 마쓰야가 도쿄대학 건너편에 있어서 '대학 노트'라 불리게 됐다는 설도 있습니다. 우리나라 노트 제조업체로는 1979년 창립한 양지사가 대표적입니다.

**접착제로 철한
'캠퍼스 노트'의 등장**

원래 대학 노트는 실로 묶는 사철제본이 많았습니다. 대변혁이 일어난 것은 1975년. 실과 철사를 사용하지 않고 접착제로 종이를 붙여 제본한 '캠퍼스 노트'가 출시된 것입니다. 가격이 합리적이라 학생들에게 인기가 좋았습니다. 대학생들이 많이 쓰는 노트답게, '캠퍼스 노트'의 캠퍼스는 대학 캠퍼스를 가리킵니다.

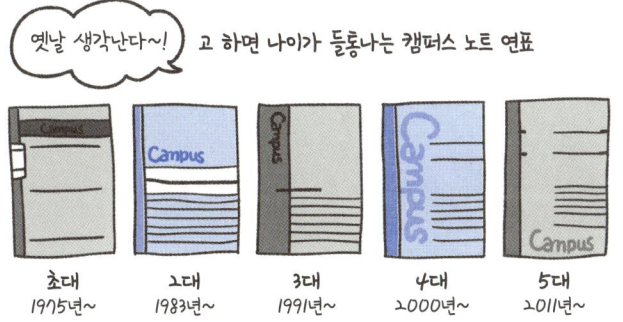

뿔뿔이 흩어지지 않도록

사철제본은 굉장히 튼튼하다

사철제본은 노트 중앙을 얇은 실로 감치는(꿰매는) 방식입니다. 종이가 잘 떨어지지 않고 내구성도 좋습니다. 실 대신 철사(스테이플러)로 철하는 '중철'이나 '평철' 방식으로 제본하기도 합니다.

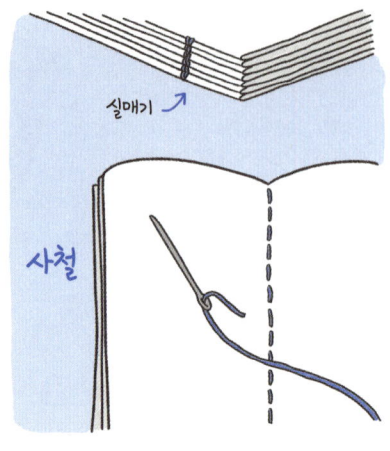

무선제본의 '선'은 무엇일까?

캠퍼스 노트를 포함해 노트에 일반적으로 쓰이는 제본방식이 바로 무선제본입니다. '선'은 실이나 와이어(철사)를 가리키는데, 이런 재료 없이 접착제로 용지를 표지에 붙이기 때문에 '실이 없는 제본'이라 해서 지어진 이름입니다. 가공이 쉽고 제작비용도 낮아 가격이 저렴하다는 장점이 있습니다. 예전에는 종이가 낱장으로 떨어지는 문제가 있었지만, 오늘날에는 접착제 성능이 우수해 잘 떨어지지 않습니다.

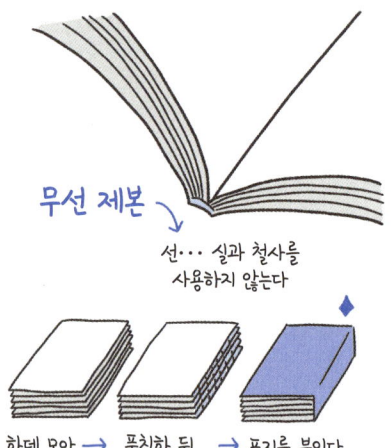

빙글빙글 감아 만드는 '링 제본'

고리형 와이어로 철하는 방식이 링 제본입니다. 노트를 180도 펼칠 수 있기 때문에 손으로 고정할 필요가 없고 어느 한쪽이 뜨지도 않아 필기하기 좋습니다. 하나의 나선형 와이어를 사용한 '스파이럴 링'은 제작비용이 저렴해 가격도 합리적이며, 2개의 와이어를 사용한 '더블 링'은 노트를 펼쳤을 때 좌우 높이가 어긋나지 않는다는 장점이 있습니다.

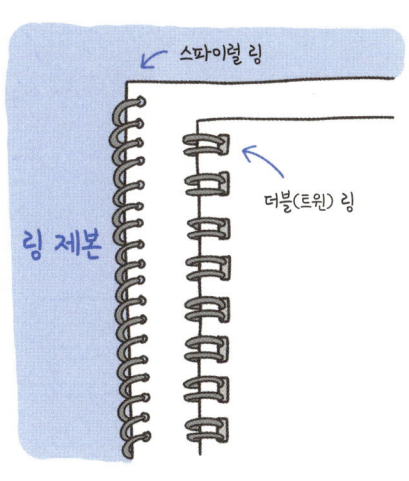

전통 제본 '오침안정법'

전통 제본방식은 사침안정법, 오침안정법, 거북바인딩 등이 있는데 그중에서도 우리나라의 전통 제본방식은 오침안정법입니다. 구멍을 뚫어 실로 꿰매는데, 구멍이 5개라는 점, 능화문 표지를 쓴다는 점이 특징입니다. 능화문 표지는 두꺼운 한지를 능화문이 새겨진 목판에 대고 돌로 문질러 문양을 새겨 만듭니다.

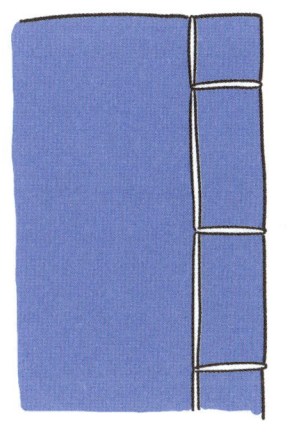

노트 줄은 원하는 대로 골라보세요

괘선, A부터 Z까지 알려드립니다!

노트에 글씨를 반듯하게 쓸 수 있도록 인쇄된 줄을 '괘선(罫線)'이라 합니다. 괘선은 간격에 따라 이름이 달라지는데요, 7mm는 'A괘', 6mm는 'B괘', 5mm는 'C괘', 8mm는 'U괘'라고 부릅니다. 우리나라에서는 A괘, U괘, B괘까지 폭넓게 쓰입니다.

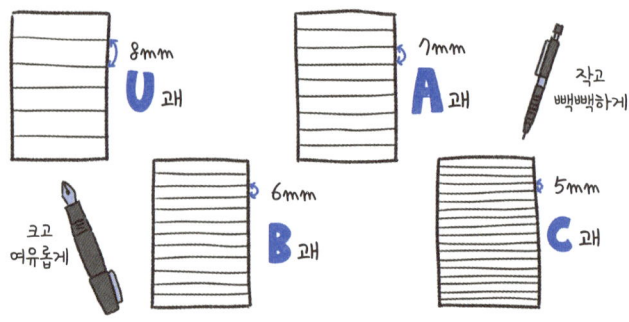

선에 얽매이고 싶지 않은 자유로운 당신에게

그림을 그리거나 아이디어 스케치를 자주 한다면 선 따라 점이 찍힌 '도트'(선 없이 점만 찍혀 있는 노트도 많습니다), 줄도 선도 없는 '무지', 격자무늬가 그려진 '모눈(G괘)' 등을 추천합니다. 특히 도트나 모눈은 문장이나 도표를 반듯하게 작성하고 싶을 때도 유용합니다.

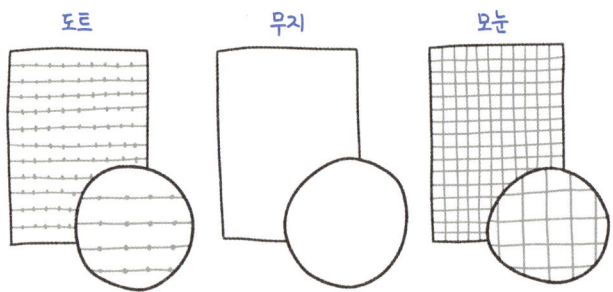

**모두 모여라!
괘선 올스타즈**

용지 종류나 종이 사이즈가 같아도 괘선 하나만 달라지면 용도가 바뀌곤 합니다. 학창시절 쓰던 노트부터 전문 노트까지 한데 모아보았습니다.

원고용

작가가 된 기분을 맛볼 수 있는 원고 괘선입니다. 글자 수를 세기 편리합니다.

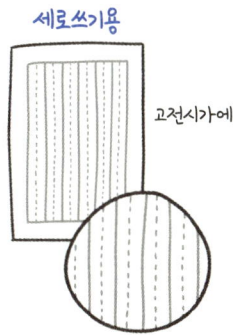

세로쓰기용

고전시가에

옛날에는 우리나라도 세로쓰기를 했죠. 고전시가를 옮겨 적으면서 기분을 내보는 건 어떨까요?

영어공부용

누구나 저 선에 맞춰 a, b, c를 써본 기억이 있을 거예요. 4선 노트, 그립다!

음악용

오선지 노트는 아름다운 멜로디가 태어나는 곳이죠.

가로로 쓰는 작은 노트

손바닥만 해요

생각이 떠오르면 바로 메모하기. 심플하지만 그럴듯한 기분이 듭니다.

Part 2.
---- 요즘 노트들의 사정 ----

아름다운 노트의 비밀은 바로 보조선

'로지컬 노트'는 누구나 잘 정돈된 깔끔한 노트를 만들 수 있는 것이 특징입니다. 일반적인 가로줄과 그 가로줄을 3분할하는 점선, 그리고 세로 분할 점선까지 갖추고 있습니다. 덕분에 글씨 쓸 때 행간을 균일하게 맞추거나 단락 시작 부분을 단정하게 정리할 수 있습니다. 그림이나 표도 도구 없이 깔끔하게 그려집니다.

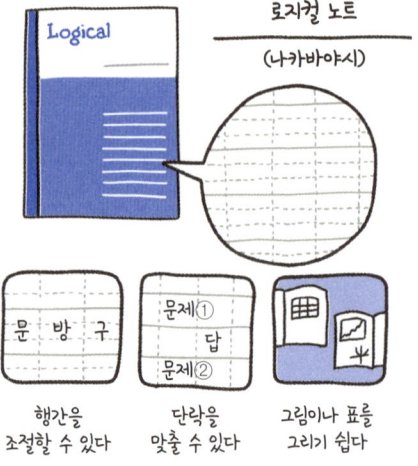

'코넬 메소드' 사용해보실래요?

미국 코넬 대학에서 개발한 '코넬 메소드 노트'는 일반적인 노트 부분과 키워드 부분, 요약 부분으로 나뉘어 있습니다. 포인트를 명확하게 기록할 수 있어 이해와 분석에 도움을 주는 뛰어난 제품입니다.

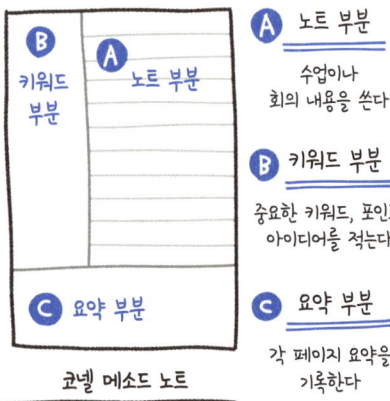

당신이 모르는 캠퍼스 노트의 세계

캠퍼스 노트는 제품 종류만 무려 190종이 넘습니다(2018년 3월 기준. 표지 색 종류나 세트 상품은 제외). 유명하지 않아도 꾸준한 인기를 누리는 제품도 그만큼 많죠. 예를 들자면 이런 노트들입니다.

비즈니스에 안성맞춤
어른의 캠퍼스 노트

모눈, 도트, 무지가 있어 실용성이 뛰어나다. 표지도 시크해 그야말로 어른의 노트.

가로면이 살짝 슬림해 휴대하기 딱 좋아
슬림 B5 사이즈

공간 차지하는 노트가 싫다면 이 제품이 안성맞춤. 사용하기도 편한 새로운 강자.

프린트 부착용

B5사이즈 인쇄물을 그대로 붙일 수 있는 사이즈. 특히 중고등학생에게 인기!

인쇄물을 받거나 제출하는 일이 잦은 학생들에게 편리한 포켓형 노트.

노트와 인쇄물을 모아서 정리해주는
캠퍼스 커버 노트

겉보기에는 일반 노트 같지만 / 루스리프
캠퍼스 리프 노트 (뜯어 쓰는 타입)

종이를 마음대로 갈아 끼우거나 보충하면서 쓸 수 있습니다. 26공 바인더나 2공 파일에 사용 가능합니다.

루스리프·바인더
Loose leaf

페이지도 차례도
내 마음대로

Part 2.
----- '루즈'함이 매력?! -----

자유롭게 페이지를 추가하고 교체하는 노트

'루스리프'는 페이지를 마음대로 추가하거나 교체할 수 있는 바인더식 노트입니다. 1913년 미국의 리처드 프랜티스 에팅거가 고안한 것으로 알려져 있죠. 우리나라에서는 KS규격으로 바인더의 형태 및 방향, 타공 규격을 정해놓고 있습니다.

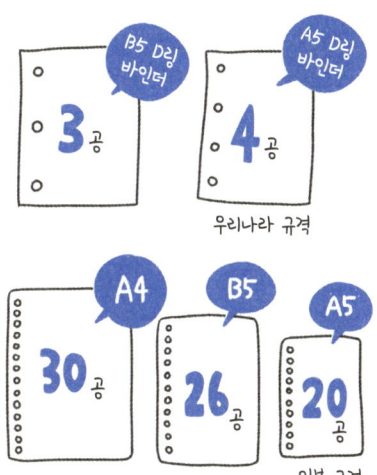

용지 크기와 바인더 종류에 따라 구멍 수가 달라요

KS규격 사이즈는 A4, B5, A5 세 종류이고, 세로 방향인 S형과 가로 방향인 E형이 있습니다. 철하는 방식도 O링, D링, 사다리 바인더 등으로 나뉘는데, A4 크기 O링 바인더는 2공, B5 D링 바인더는 3공, A5 D링 바인더는 4공이며 전산 바인더는 A3 S형이 2공, A4 E형은 22공입니다. 일본에서는 A4 30공, B5 26공, A5는 20공을 사용하며, 미국에서는 3공, 유럽에서는 4공을 주로 사용합니다.

바인더의 심장

서류의 수호기사 '금속 링'

링은 바인더의 심장이라 할 수 있죠. 주로 금속이나 플라스틱으로 만듭니다. 금속 링 바인더는 표지도 단단하기 때문에 중요한 서류를 오래 보관하기 좋습니다. 특히 '바인더 MP'는 빈티지 느낌의 천 소재 표지가 특징입니다. 내구성이 뛰어나며, 2단계로 열리는 W형 링이 쓰기 편리해 스테디셀러 자리를 지키고 있습니다.

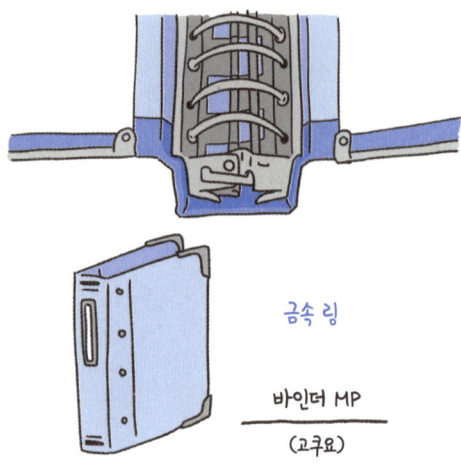

금속 링

바인더 MP

(고쿠요)

가볍고 저렴한 바인더가 좋다면 '플라스틱 링'

플라스틱 링은 가볍고 가격이 저렴하다는 장점이 있습니다. 자주 들고 다닐 용도라면 쉽게 펼쳐지지 않도록 잠글 수 있는 제품을 고르는 편이 좋겠죠. 그동안 많은 바인더가 나왔지만, 히트작을 꼽자면 1971년 출시된 투명 바인더 VUE 시리즈의 '두 잇 유어셀프(DO IT YOURSELF)'가 있습니다. 표지 종이를 사진 등으로 마음껏 바꿔 끼울 수 있어 학생들에게 폭발적인 인기를 끌었습니다. 아쉽게도 지금은 생산이 중단됐습니다.

투명 바인더 VUE 시리즈

(마루만)

플라스틱 링

더 똑똑해진 요즘 바인더

링을 줄여 손에 닿지 않도록

바인더에 필기하자면 링이 손에 닿아 불편할 때가 있죠. 일부러 종이를 빼서 쓴 다음 다시 바인더에 끼우는 사람도 많습니다. 하지만 '테프레누(일본어로는 손에 닿지 않는다는 뜻이다. — 옮긴이)'는 가운데에 링이 없어서 바인더에 종이를 끼운 채 필기해도 문제없습니다.

테프레누 (킹짐)

가운데에 링이 없어 필기할 때 거치적거리지 않는다

손에 닿지 않는다는 뜻

360도 접을 수 있다니, 그야말로 '스마트'

표지를 360도 접어서 쓸 수 있는 '캠퍼스 바인더 스마트 링'입니다. 링노트처럼 깔끔하게 접을 수 있죠. 얇아서 가방에서 자리를 많이 차지하지 않습니다.

캠퍼스 바인더 스마트링
(고쿠요)

비즈(Biz) 라인은 업무용으로 나온 시크한 디자인

뒤집어서 노트처럼 쓴다

취향 따라 바꿔 끼우기

감성적인 사람에게 추천하는 루스리프

루스리프에는 노트로 쓰는 가로줄 용지 외에도 세로선을 넣은 크로키 용지, 도화지 등 다양한 교체용 속지가 있습니다. 구멍이 하트 모양인 귀여운 아이템도 있답니다. 모양만 다르지 구멍 위치는 같아서 속지를 자유롭게 조합할 수 있다는 점도 루스리프의 장점이죠.

종이 말고도 많아요! 편리한 속지들

자료를 넣는 클리어파일과 명함꽂이, 지퍼가 달린 포켓도 바인더 속지 리필용으로 나와 있습니다. 이들 제품을 사용하면 관련내용을 필기한 노트, 클리어파일에 보관한 서류, 명함꽂이에 넣어둔 거래처 명함 등 프로젝트 관련 자료를 한꺼번에 보관할 수 있어 편리하죠. 바인더 하나를 통째로 명함 파일로 만드는 것도 가능합니다.

루스리프와 함께

구멍을 뚫으면 루스리프로 변신

스크랩한 잡지나 신문지에 루스리프처럼 구멍을 뚫어서 파일로 보관하기도 합니다. '게이지 펀치'나 '글리서' 등 루스리프용 펀치가 다양하게 나와 있습니다.

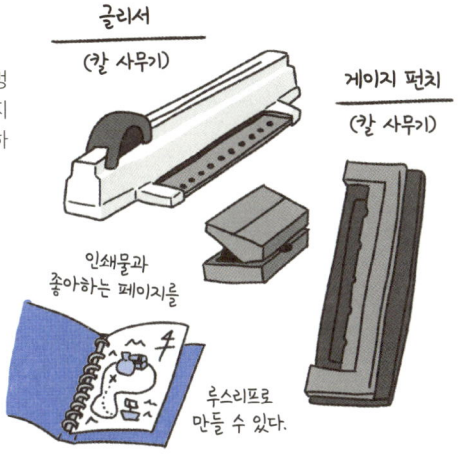

짜증을 없애주는 편리한 아이템

구입한 루스리프는 그대로 비닐봉투에 넣어 보관하곤 하죠. 하지만 종이를 꺼내다가 접착 부분에 종이가 달라붙는 불상사가 일어나기도 합니다. 이를 방지하기 위한 제품이 바로 '루스리프 케이스'입니다. 100장까지 수납할 수 있고, 내용물이 구겨지지 않으며, 접착제가 달라붙을 염려 없이 깔끔하게 보관할 수 있습니다.

리포트 용지
Report paper

쓰고, 떼어내서, 제출한다

한 장씩 떼어 쓸 수 있는 노트

리포트 용지는 윗부분을 풀로 제본해 한 장씩 떼어 사용할 수 있는 노트입니다. 보통 A4나 B5 사이즈가 있죠. 원조는 '리갈패드'로, 1888년 미국의 제지공장에서 일하던 토머스 홀리가 자투리 종이를 이용해 만든 메모장이 시초입니다.

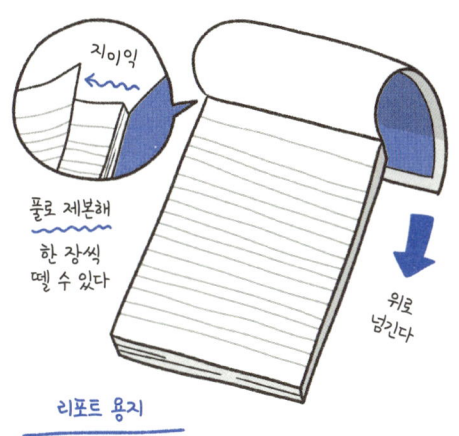

확실히 잡아주는 든든한 파트너

리포트 용지를 메모장처럼 가지고 다닐 때는 클립보드와 리포트 패드 홀더를 사용하면 편리합니다. 책상이 없어도, 서서 메모할 때도 안정적으로 필기할 수 있습니다. 리포트 패드 홀더는 단단한 표지가 있어 가방에 넣어도 구겨지거나 찢어지지 않도록 용지를 보호합니다.

Part 2. 노란 종이가 트레이드마크

'세로줄'로 구분하기

리포트 용지의 원형으로 불리는 리갈패드는 노란 종이 윗부분을 스테이플러로 제본한 제품입니다. 왼쪽 끝에서 3.175cm(1.25인치) 떨어진 부분에 빨간 세로줄이 있다는 점이 특징입니다. 이 선 왼쪽에 제목이나 포인트, 날짜, 시간 등을 적어두면 정리해서 보기도 좋습니다. 표지는 없지만, 뒤표지가 일반적인 리포트 용지보다 단단합니다.

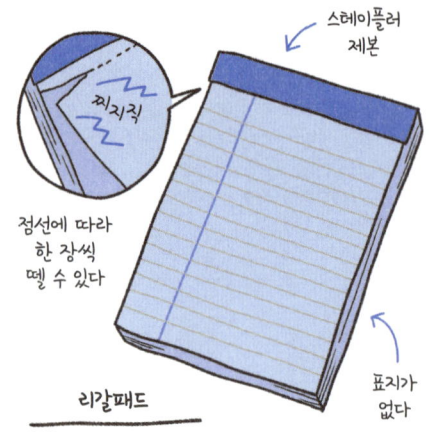

종이가 노란 이유는

리갈패드가 노란색인 이유는 서류더미에 끼어 있어도 한 번에 찾기 쉽도록 만들었다는 설, 또는 표백보다 노랗게 만들기가 더 간편해서라는 설이 있습니다. '리갈'은 '법적인'이라는 뜻으로, 판사가 문구업체에 제조를 의뢰한 제품이라 이런 이름이 붙었다고 합니다.

IT 시대지만 지금도, 그리고 지금이니까

복사기가 필요 없는 리포트 용지

'카본 리포트 용지'는 종이의 한쪽 면에 왁스나 유지(油脂)를 녹인 카본블랙 또는 염료를 칠한 제품입니다. 종이에 글을 쓰면 이 카본 성분에 의해 다음 장에 전사(轉寫)되어, 복사기가 없던 시대에 요긴하게 쓰였습니다. 현재는 카본 없는 리포트 패드도 있는데, 여기에 회의록 등을 작성하면 회의가 끝나고 바로 내용을 공유할 수 있습니다.

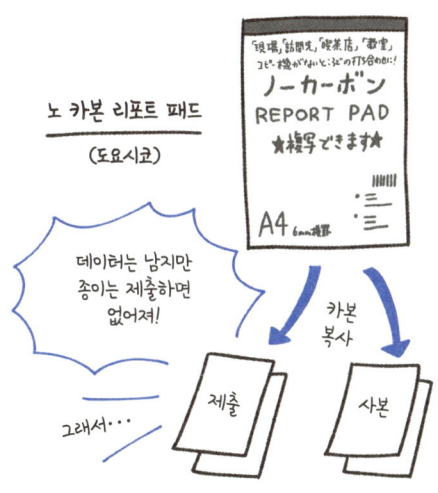

편지지 묶음도 따지고 보면 리포트 용지

다양한 편지지를 접착제로 제본한 묶음 제품도 있죠. 윗부분을 제본해 한 장씩 뜯어 쓴다는 점에서 리포트 용지와 비슷한 형태라 볼 수 있습니다. 메일이나 메신저, 카톡 연락이 당연해진 요즘, 가끔은 편지지에 손편지를 써보는 건 어떨까요. 참고로 그림 속 제품 '서한전(書翰箋)'의 '서한'은 편지를 뜻합니다.

스케치북
Sketchbook

아이디어를 캐치해서 그려내는 발견의 장

스케치북은 언제부터?

레오나르도 다 빈치부터?

스케치북의 기원은 확실하지 않지만, 레오나르도 다 빈치가 스케치북을 사용했다는 것은 유명한 이야기입니다. 우리나라에서는 삼원 아트 스퀘어 디자인 스케치북, 세르지오 스케치북 등이 나와 있으며, 일본에서 1950년대에 출시된 '도안 시리즈'도 많이 쓰입니다.

도안 시리즈 스케치북
(마루만)

- 두꺼운 종이
- 수채 물감에 Good!
- 만들기 시간에도

크로키북은 종이가 얇다

'스케치(영어)'와 '크로키(프랑스어)'는 원래 같은 뜻이지만, 보통 전자는 데생이나 밑그림을, 후자는 대상의 형태와 동세, 특징 등을 캐치해 빨리 그려내는 것을 의미합니다. 그래서 스케치북에는 물감도 사용할 수 있도록 견고하고 두꺼운 종이를 쓰고, 크로키북은 많이 그릴 수 있도록 얇고 부드러운 종이를 씁니다. 종이 매수도 크로키북이 훨씬 많습니다.

크로키북
(마루만)

- 얇고 부드러운 종이
- 연필에 Good!

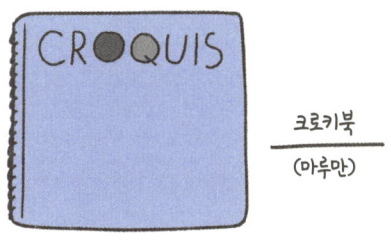

크로키 (프랑스어) = 빨리 그린다, 혹은 빨리 그리는 그림이라는 뜻

Part 2.
---- 이런저런 스케치북 이야기 ----

스케치북 크기는 'F'

우리나라 스케치북은 보통 4절, 5절, 8절, 16절, 32절로 판매하는데, 46판(788×1090mm)이냐 국판(636×939mm)이냐에 따라 크기가 조금씩 다르고 브랜드에 따라서도 차이가 있습니다. 외국에서는 F4, F8 등으로 구분하는 'F규격'이 많이 쓰입니다. 우리나라 규격과 반대로, F규격은 숫자가 커질수록 크기가 커집니다. F는 '인물(Figura)'을 뜻하며, 프랑스의 회화용 틀 크기에서 유래했습니다.

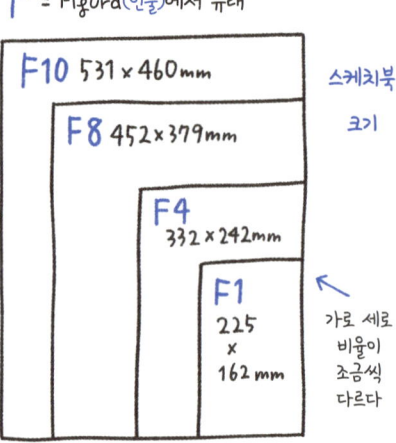

화구에 따라 종이도 달라진다

스케치북도 화구와 표현방식에 따라 다양한 종류를 선택할 수 있습니다. 일반적인 도화지 외에 수채화지, 판화지, 파스텔지(스케치나 데생 등), 켄트지(펜화 등), 한지 등이 있습니다.

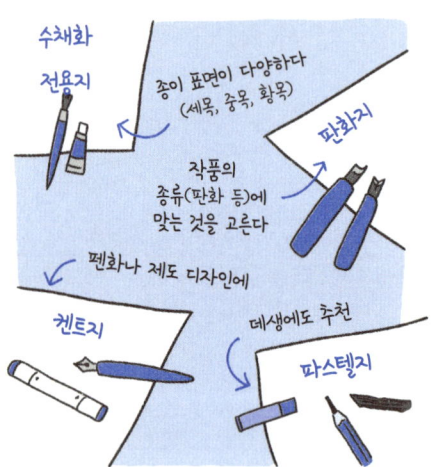

일상용으로도 좋은 노포 화구점의 세련된 스케치북

도쿄에는 오래된 화구점이나 유명한 문구점이 다수 있는데, 그중에서도 노포 겟코소 화구점 (月光荘画材店)은 좋은 스케치북이 많기로 유명합니다. 노트나 메모장으로 쓰기에도 좋죠. 표지 색이 예쁘고 크기도 다양하며, 종이도 여러 가지를 고를 수 있습니다. 그중에서도 '우스텐'은 1cm 간격으로 옅은 점이 찍혀 있어 도표나 글자를 반듯하게 쓰기 좋고 사용하기도 쉬워 인기가 좋습니다.

다양한 분야에서 활약하는 스케치북

스케치북은 그림 그리는 용도지만, 사진을 붙여 앨범을 만들거나 아이디어 정리 노트로도 유용하게 쓰입니다. TV 촬영 현장에서는 스케치북을 이용해 출연자들에게 지시사항을 전달하는 임시 큐카드로도 많이 사용됩니다.

메모장
Notepad

Part 2.
---- 메모장에 '정해진 법'은 없다 ----

프랑스에서 온 오렌지색 메모장

메모장은 정해진 용도로 만들어진 특정 제품을 가리키기보다는 '작은 노트'를 통칭하는 경우가 많습니다. 크기도 제본방식도 다양하지만, 윗부분을 링으로 묶은 손바닥 크기의 '링 메모'가 주로 쓰입니다. 프랑스 제품인 '블록 로디아'는 오렌지색의 세련된 표지가 눈길을 끌며, 손에 쏙 들어가는 'No.11'(74×105mm)이 인기입니다.

탁상용, 휴대용… 하나쯤은 갖고 싶어

책상에 올려두고 편하게 쓸 수 있는 제품, 바로 메모지 수백 장을 접착제로 제본해 한 장씩 떼어 사용하는 '메모 블록'입니다. 독특한 디자인이 많아 인테리어 포인트용으로도 좋습니다. 명함 사이즈 카드를 가죽 케이스에 여러 장 넣을 수 있는 '조터(Jotter)'도 있습니다. 부피가 작고 휴대성이 좋아 언제 어디서나 아이디어를 적을 수 있고 내용별로 구분해서 정리하기도 편합니다.

전 세계에서 사랑받는 메모장

세계의 예술가와 문호에게 사랑받은 메모장

19세기 후반 프랑스에서 탄생한 '몰스킨'은 하드커버와 고무 패드 등에 기름으로 방수 처리한 오일클로스(oilcloth)를 사용했습니다. 고흐와 피카소, 헤밍웨이 등이 애용했으며, 영국의 여행작가 브루스 채트윈의 여행 동반자로 유명하죠. 1986년 생산이 중단됐지만, 1997년 이탈리아 밀라노의 작은 출판사(현 몰스킨 사)가 다시 제작을 시작해 지금에 이르렀습니다.

샐러리맨의 든든한 아군

1960~70년대까지만 해도 메모장이라고 하면 탁상용을 떠올렸습니다. 하지만 외근이 잦은 직장인도 들고 다니기 좋은 '다이아몬드 메모'가 출시되면서 인식이 바뀌었습니다. 꺼내기 쉽도록 와이셔츠 주머니보다 조금 작은 76×120mm 사이즈로 제작했고, 가장자리는 부드럽게 라운딩 처리했으며, 링 제본 형식을 사용했습니다. 지금은 메모장 하면 바로 떠오르는 디자인이 되었죠.

---- 비에도 바람에도 지지 않는다 ----

스타일리시한 측량 메모지

특정 용도를 위해 만들었는데 일반인에게도 인기를 끄는 제품이 있습니다. 측량 전용 메모장인 '측량야장(野帳)'이 대표적이죠. 91×160mm, 두께 6mm로 슬림한 디자인에 표지가 두꺼워 야외에서도 필기하기 편합니다. 방수 제품도 있죠. 메모장으로 쓰려면 모눈종이 내지의 '스케치북'이 안성맞춤입니다. 표지 디자인은 심플하지만 오히려 그 심플함을 좋아하는 사람들이 많습니다.

물속에서도 쓸 수 있는 엄청난 메모장!

'프로젝트 내수 메모'는 물에 젖어도 사용할 수 있는 정도가 아닙니다. 아예 물속에서도 쓸 수 있는 놀라운 제품이죠. 폴리프로필렌이 주재료인 합성지(유포지)를 사용하기 때문인데요. 물에 뜨기 때문에 물속에서 잃어버려도 찾기 쉽다는 장점도 있습니다. 76×120mm 크기지만, B6 사이즈의 '프로젝트 내수 노트'도 있습니다.

'디자인'과 만난 문구

1970년대, '귀여운 문구'의 시대가 열리다

이제 디자인은 제품을 평가할 때 실용성과 기능 못지않은 중요한 요소로 자리매김했습니다. 예술이나 패션뿐 아니라 일용품, 심지어 책이나 앨범을 살 때도 표지나 재킷 디자인이 중요하게 작용하곤 하죠. 문구도 예외는 아니어서, 같은 제품이라면 마음에 드는 예쁜 디자인을 고르는 것이 당연해졌습니다.

디자인이 문구에도 중요한 영향을 미치게 된 것은 1970년대라고들 합니다. 특히 문구 문화가 발달한 일본에서는 이 시기에 두 가지 중요한 사건이 일어났습니다.

첫 번째 사건, 1971년 도쿄 신주쿠에 '산리오 기프트 게이트'*가 오픈했습니다. 오픈 3년 뒤에는 귀여운 캐릭터 중 첫손에 꼽히는 헬로키티가 탄생해 소비자들의 마음을 사로잡았죠. 이전에도 캐릭터를 내세운 문구는 있었지만 헬로키티의 파급력은 엄청났습니다. 이로써 이곳에 가면 캐릭터 문구와 잡화를 살 수 있다는 인식이 퍼지며 산리오 기프트 게이트는 '귀여운 디자인 문구의 발상지'로 자리매김했습니다.

* 기프트 게이트 : 산리오 직영점으로, 도쿄 신주쿠 애드호크(adhoc) 빌딩에 1호점을 오픈했다.

두 번째 사건, 바로 형광펜의 등장입니다. 기프트 게이트가 오픈한 그 해, 독일 브랜드 스타빌로가 세계 최초의 형광펜 '스타빌로 보스'를 출시했습니다. 그 후 전 세계 수많은 브랜드에서 앞다투어 형광펜을 만들었죠. 형광펜의 목적은 '강조'지만, 그전까지 없었던 다채로운 색상에도 사람들은 열광했습니다. 학생들의 교과서와 노트가 형광색으로 화려하게 물들기 시작했고, 형광펜은 실용성 외에도 '예쁜 것, 귀여운 것, 꾸미는 재미'의 가치를 알려준 아이템이 되었습니다.

1980년대, 기능이 디자인을 탄생시키다

● ○ ●

1980년대에도 데커레이션 문구는 계속 등장했습니다. 특히 1980년 출시된 3M의 '포스트잇'을 빼놓을 수 없죠.

출시 초기에는 가로세로 75mm의 정사각형 사이즈 하나뿐이었고 색상도 노란색밖에 없었지만, 점차 다양한 크기와 색상이 나왔습니다. 붙였다가 깨끗하게 뗄 수 있는 기능은 편리할 뿐 아니라 재미도 있어서 학생부터 직장인까지 노트나 책상에 부담 없이 자유롭게 붙이는 제품으로 자리잡았습니다. 이 부담 없음 덕분에

다양한 캐릭터, 브랜드, 아이돌 굿즈로도 활용되면서 이제 실용성보다는 예뻐서 구매하는 소비자가 더 많아지는 추세입니다. 말하자면 처음에는 기능으로 어필했지만, 그 기능이 귀여운 디자인이 나올 수 있도록 영향을 미친 사례라 할 수 있겠습니다.

2000년대, '꾸미기' 위한 문구 탄생

2008년 즈음에는 '다꾸족'을 중심으로 마스킹테이프 붐이 일었습니다. 마스킹테이프는 도장(塗裝)할 때 칠하면 안 되는 부분을 보호하기 위해 붙이는 제품입니다. 그러나 종이 특유의 색감과 질감, 간단히 손으로 찢을 수 있고 테이프 표면에 그림이나 글씨를 쓸 수 있다는 장점 덕분에 다이어리나 소품을 꾸미는 데에도 빠질 수 없는 단골손님이 되었습니다. 특히 마스킹테이프 제조업체인 가모이가공지 사가 컬러풀하고 다양한 디자인의 'mt'를 출시하면서 더욱 인기를 끌었습니다.

마스킹테이프는 종이, 플라스틱, 유리 등 다양한 곳에 붙일 수 있고, 도료나 접착제 없이도 꾸미기가 간편합니다. 본래 목적과는 다른 용도의 마스킹테이프가 새로 태어난 셈이죠.

이외에도 최근에는 아예 '꾸미기'가 주목적인 문구류가 많이 나오고 있습니다. 스티커와 스탬프는 물론, 글리터가 들어간 마커나 컬러풀한 붓펜, 수정테이프처럼 쓸 수 있는 '데코 러시' 등이 대표적이죠. 디자인과 문구의 만남이 예쁘고 기발한 데커레이션 문구를 계속 탄생시키고 있습니다.

Part 3.
자르기, 붙이기, 고정하기

칼을 '가는' 시대에서 '꺾는' 시대로

커터칼 등장 전야

예전에는 종이 등을 자를 때 접이식 주머니칼을 많이 사용했습니다. '미키나이프'(본나이프)나 '히고노카미'가 대표적이었는데요. 특히 히고노카미는 칼을 계속 갈아주며 관리해야 한다는 단점에도 불구하고 1984년 출시 이후 꾸준히 사랑받고 있습니다. 손잡이를 누르면 칼날이 나오는 것이 특징입니다.

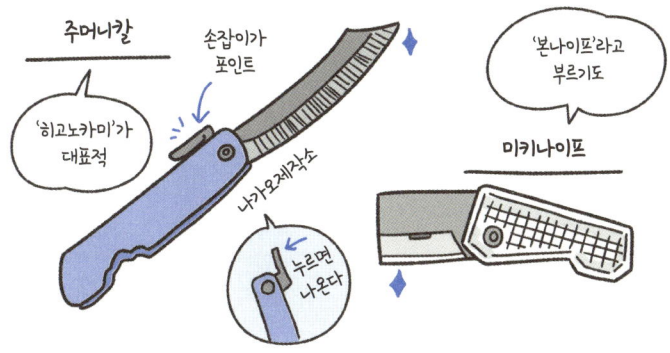

'꺾는 칼날'은 판초콜릿에서

커터칼 브랜드 '올파'를 만든 이는 오카다 요시오입니다. 그는 인쇄소에서 일하던 시절 종이를 자를 때 사용하는 면도칼이 무뎌지면 통째로 버리는 것이 아까워, 칼날을 꺾어가며 쓰는 커터칼을 고안해 실용신안을 취득했습니다. 아이디어는 칸칸이 나뉜 판초콜릿에서 얻었다고 하네요. 커터칼의 사업화를 모색하던 그는 일본 전사지에 협력을 요청해 1959년 상품화에 성공하게 됩니다. 이후 오카다는 1967년 올파의 전신인 오카다공업을 창업해 독립했습니다.

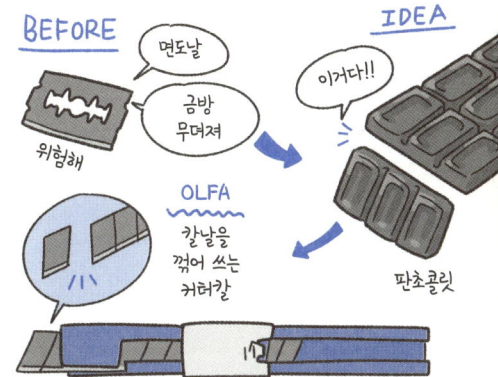

커터칼은 '날'이 생명

날 크기에는 규격이 없다

날 크기나 길이 등은 KS규격으로 정해져 있지 않지만 대부분 올파나 NT규격과 크게 다르지 않습니다. 각도는 대략 58도, 폭은 소형(S형)과 대형(L형) 등으로 구분하며 브랜드가 달라도 호환 가능합니다. 칼날 각도에 따라 구분을 달리하기도 합니다.
칼날의 크기는 용도에 따라 고르는 것이 좋습니다. 얇은 종이를 자르려면 소형을, 두꺼운 상자나 발포스티로폼에 쓰려면 대형을 선택합니다.

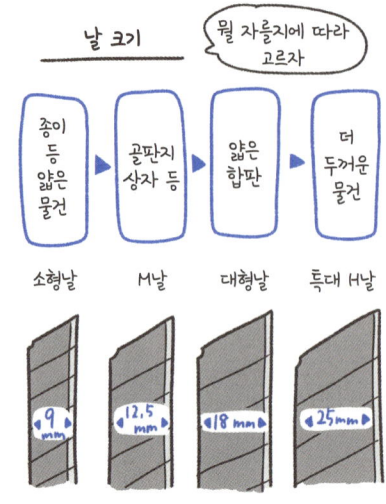

용도에 따라 날의 형태도 바뀐다

용도에 맞춰 날을 고르면 작업 효율이 올라갑니다. 칼날이 뾰족한 '디자이너스 아트 나이프'와 칼날 각도가 30도인 '세공날'은 페이퍼 크래프트, 프라모델 조립, 그림 오리기 등 세밀한 작업에 적합합니다. 천이나 가죽, 필름 등의 시트는 '원형날'을 사용하면 도중에 걸리는 일 없이 부드럽게 잘립니다. 아크릴 판이나 PVC 등은 편의와 안전을 고려해 '플라스틱 커터'를 추천합니다.

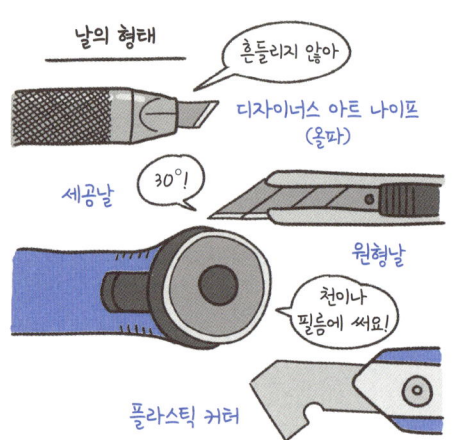

커터칼을 쓸 때 지켜야 할 규칙

다른 도구가 필요하다

커팅매트는 책상 손상만 막아주는 게 아닙니다. 칼날의 저항을 일정하게 유지시켜 부드럽게 자를 수 있으며, 날 끝을 보호하는 역할도 합니다. 자는 두꺼운 아크릴 소재를 추천합니다. 금속제는 튼튼해 보이지만 두께가 얇아 자칫하면 칼날이 자 위로 올라가 손이 다칠 수 있습니다.

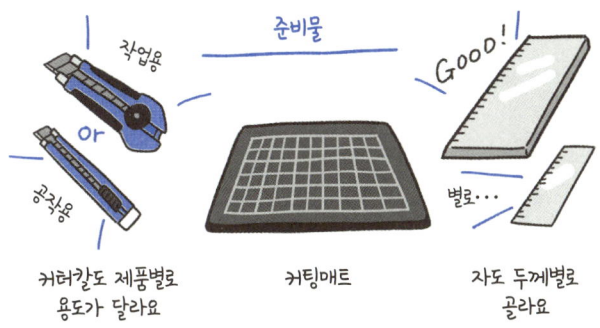

칼날의 진행방향에 유의할 것

커터칼을 사용할 때는 날을 한두 칸 정도만 빼고 사용해도 충분합니다. 너무 많이 빼서 쓰면 날이 부러질 수 있으니 주의하세요. 자는 눈금 반대쪽 두꺼운 면을 쓰도록 합시다. 특히 칼의 진행 방향에 손을 두면 베이기 쉬우니 조심하도록 합니다.

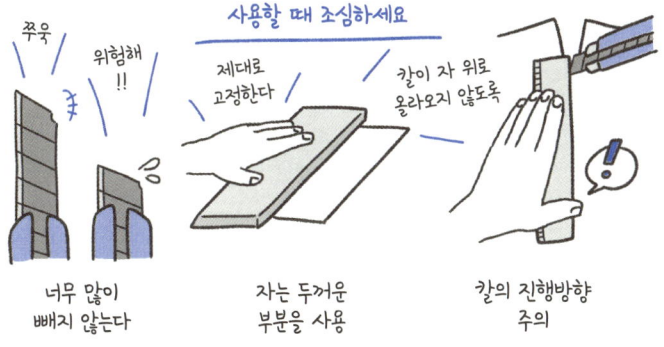

Part 3.
---- '날 자르기'는 신중하게 ----

포인트는 '칼날 부분을 잡는 것'

날을 자를 때는 먼저 커터칼 뒷부분 클립을 빼고, 칼날을 한 칸만 꺼냅니다. 클립에 날을 끼우고 칼날 홈 반대 방향으로 꺾습니다. 이때 커터칼 본체도, 클립도 칼날 부분에 가까운 곳을 꽉 잡아주는 것이 포인트입니다. 날에서 먼 부분을 잡으면 부러진 날이 멀리 날아가 위험할 수 있습니다.

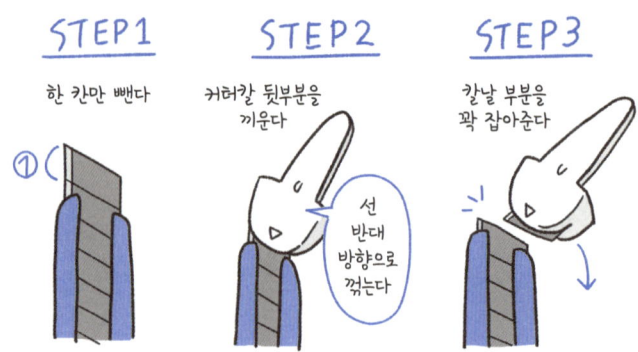

돌다리도 두드려보고 건너는 성격이라면, 펜치를 사용하자

더 안전하게 자르고 싶다면 펜치를 추천합니다. 펜치로 날을 집으면 칼날에 힘이 고르게 전달되어 자르기도 쉽고, 잘린 날이 날아갈 일도 없어 안심입니다.

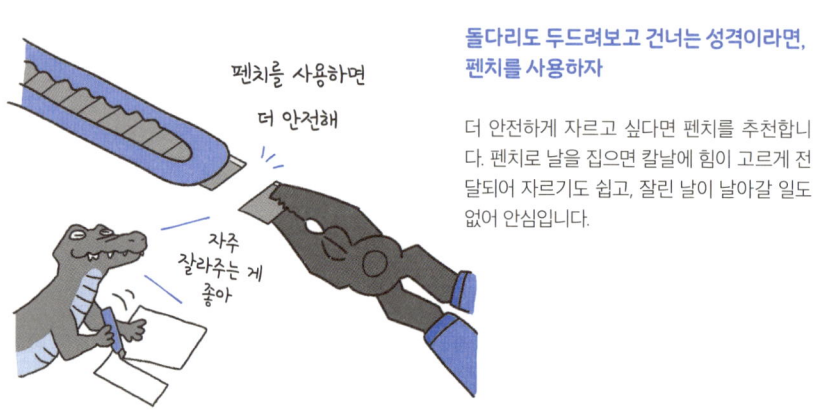

절대 아무렇게나 버리지 마세요!

잘라낸 날을 버릴 때는 반드시 스카치테이프로 감싸거나 두꺼운 종이 사이에 끼워 다른 사람이 다치지 않도록 합시다. '위험', '칼날' 등을 적어놓으면 더 좋습니다.

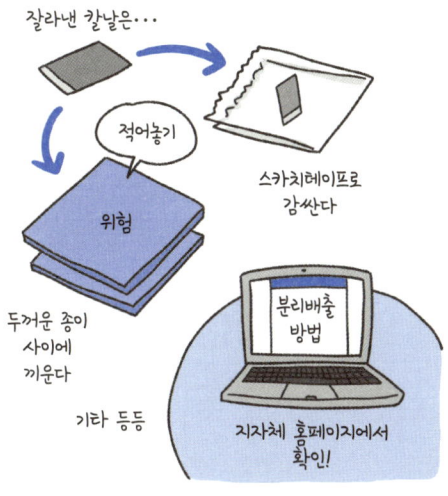

저금통 아니야? 하지만 실체는…

안전하게 칼날을 자르고 버릴 수 있는 '포키 칼날 절단기'입니다. 언뜻 보면 저금통 같죠? 제품 위쪽 구멍에 날을 끼워 옆으로 꺾어주면 칼날이 잘려 용기 속에 들어가고, 꽉 차면 통째로 버리면 됩니다. 칼날 처리가 번거롭다면 이 아이템 하나로 간편하게 해결해봅시다. 사이즈가 작은 '포켓 포키'도 있습니다.

커터칼의 변신은 편리!

날을 '만지지 않아'

칼날을 교체하려면 날카로운 날을 만져야 하는데, 아무래도 좀 무섭죠. 하지만 '안전 커터칼'을 쓰면 칼날을 직접 만지지 않고 교체할 수 있어서 안전합니다. 또한 날 끝을 불소 가공해 접착제가 잘 달라붙지 않고, 뒤쪽에 슬라이더가 붙어 있어 왼손잡이도 사용하기 쉽습니다.

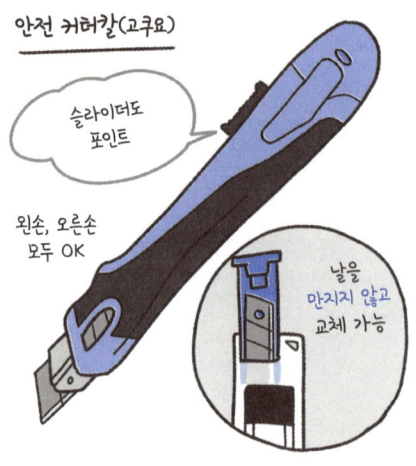

안전 커터칼(고쿠요)

슬라이더도 포인트

왼손, 오른손 모두 OK

날을 만지지 않고 교체 가능

날을 '꺾지 않아'

커터칼은 '칼날을 꺾는다'는 발상의 전환으로 만들어졌지만, 반대로 날을 꺾지 않는 커터칼도 있습니다. 바로 '오란테('오란折らん'은 꺾지 않는다는 뜻 ─옮긴이)'라는 제품인데요. 표면을 울퉁불퉁하게 가공해 접착제가 달라붙는 것을 방지하고 전면 불소 코팅을 해서 오랫동안 날카로움을 유지할 수 있습니다. 그때그때 날을 자르는 것이 번거롭고 무서웠다면 안성맞춤입니다.

자르지 않는 커터칼

오란테

(플러스)

녹슬지 않아

끈적거리지 않아

그래서··· 날을 자르지 않고도 오래 사용해!

두껍고 튼튼해

'칼자국'이 남지 않는다

'오린다'는 뜻을 가진 '기리누쿠(切り抜く)'는 뜻 그대로 신문·잡지 기사 스크랩에 쓰는 커터칼입니다. 내장된 스프링이 종이에 닿는 힘을 일정하게 유지시켜 한 장만 자를 수 있으므로 다음 장이 상하는 일이 없습니다. 본체 뒷면 조절 장치를 쓰면 종이 두께에 맞춰 힘 조절도 가능합니다.

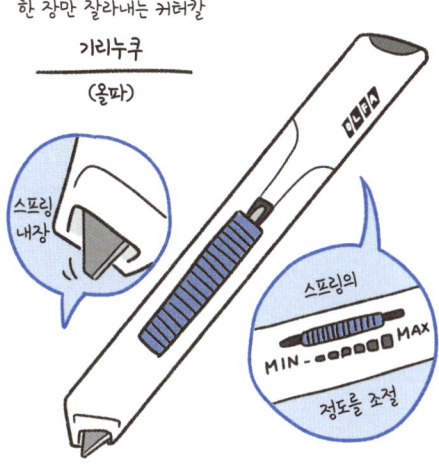

종이를 오리지 않고 스크랩하기

'안키스냅'은 스마트폰에 간단히 스크랩할 수 있는 제품입니다. 스크랩하려는 부분을 마커로 표시한 뒤 전용 앱으로 찍으면 스마트폰에 이미지 파일로 저장됩니다. 커터칼로 하는 스크랩이 번거롭거나 종이보다는 데이터로 관리하고 싶은 분에게 추천합니다.

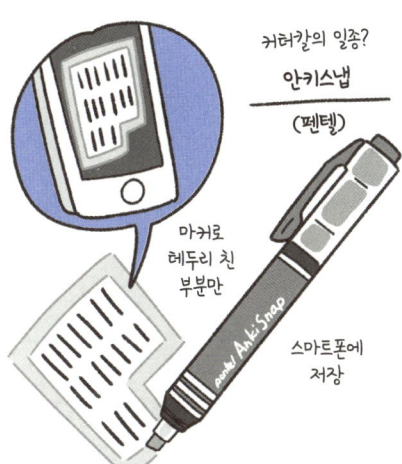

가위
Scissors

책상에
파우치에
거실에

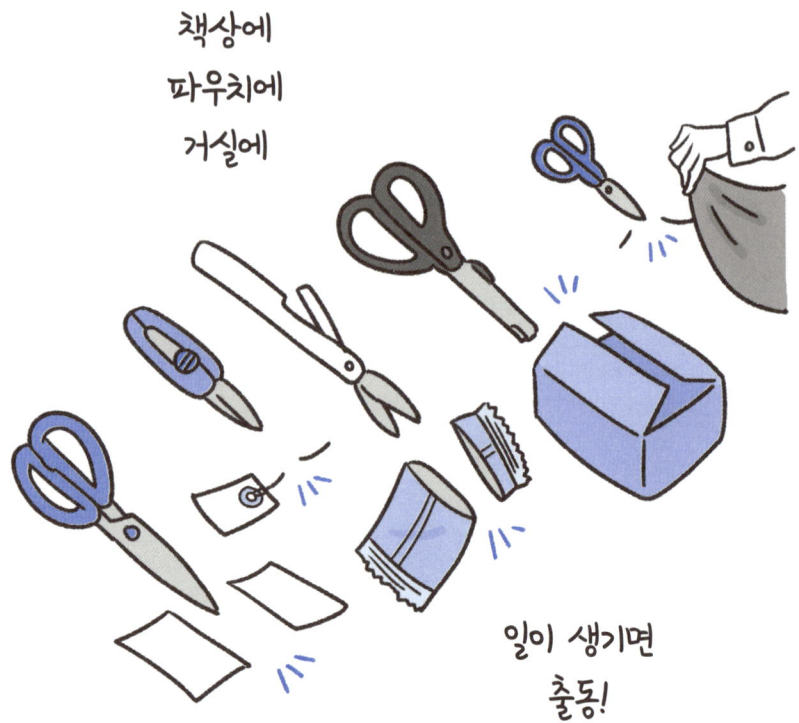

일이 생기면
출동!

Part 3.
X자형 가위는 우리나라에도 있었다

가위의 핵심은 '중심축'

보통 옛날식 가위 하면 쪽가위를 많이 떠올리지만, 우리나라에서 발견된 가장 오래된 가위는 신라시대의 ∝형 가위입니다. 고려시대에도 가위 유물이 많이 발견되었는데, 신라시대와 같은 ∝형도 있고 현재와 같은 X형 가위도 있습니다. 손잡이의 형태가 매우 다양하다는 점이 특징입니다. 물론 쪽가위 또한 많이 쓰였습니다.

왼손잡이들의 공감대

시중에 나온 대부분의 가위는 오른손잡이용이기 때문에 왼손잡이가 사용하기에는 다소 불편합니다. 그래서 왼손잡이용 가위가 따로 나와 있죠. 종이를 자를 때 위쪽 날이 오른편에 있으면 오른손잡이용, 왼편에 있으면 왼손잡이용입니다.

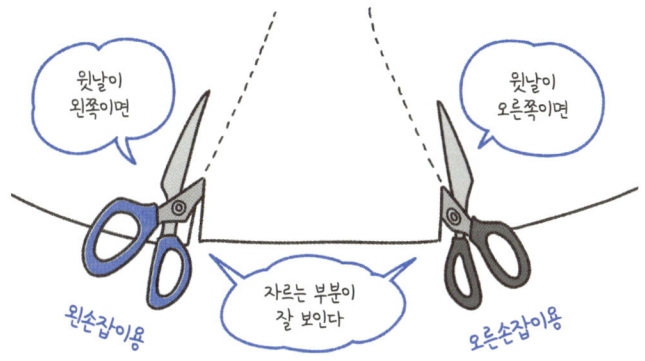

Part 3.
---- 알수록 신통한 요즘 가위들 ----

대부분 스테인리스랍니다

사무용 가위는 대부분 스테인리스로 만듭니다. 불소 가공처리로 접착제가 달라붙지 않게 만든 제품이나, 가볍고 내구성이 뛰어난 티타늄 소재도 있습니다. 스테디셀러인 '알렉스 사무용 가위'도 스테인리스제로, 잘 잘리며 내구성도 뛰어납니다.

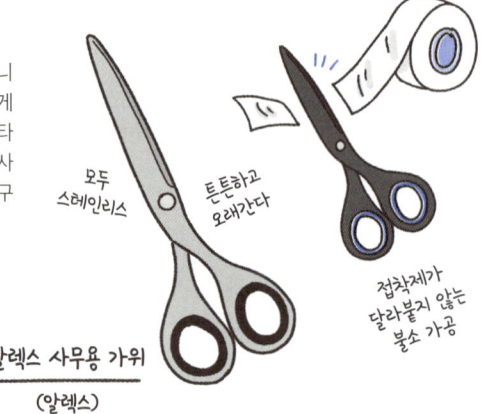

어린이용은 안전제일

어린이용 가위는 날 길이를 짧게 하거나 날 끝을 둥글게 만들어서 되도록 안전하게 쓸 수 있도록 합니다. 특히 '안전가위 깃촌'은 가윗날이 커버로 둘러싸여 있으며, 날의 단면이 평평해 부상 위험이 덜한 것이 특징입니다. 아이들이 처음 쓰는 가위로 추천합니다.

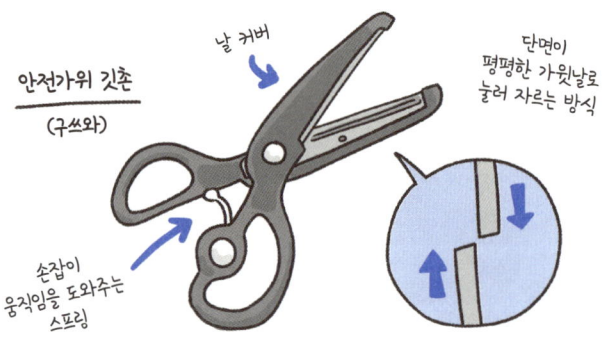

잘 드는 가위, 비밀은 30°

'피트 컷 커브'는 날이 곡선 형태로 되어 있어 물건을 자르기 가장 적절한 각도인 30°를 유지합니다. 이 날을 '베르누이 커브날'이라고 하는데요. 가윗날 안쪽부터 날 끝까지, 어느 부분으로 잘라도 잘 잘립니다. 사무용뿐 아니라 조리용, 다목적 가위도 있습니다.

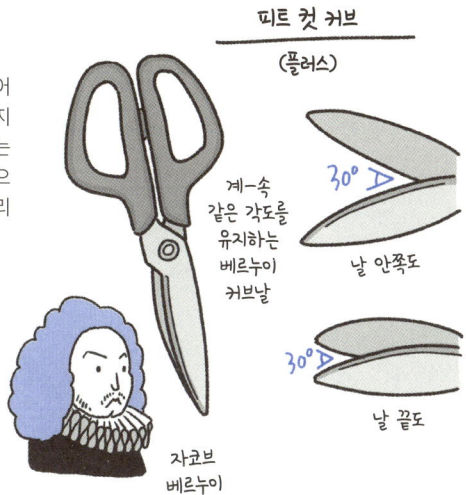

상자도 싹둑싹둑

'사쿠사'는 각도가 날 끝으로 갈수록 점점 커지는 '하이브리드 아치 날'을 사용한 제품입니다. 골판지처럼 두꺼운 종이도 놀랄 만큼 쉽게 자를 수 있죠. 그중에서도 글루레스 타입은 날이 중공(中空) 구조라 접착제가 달라붙지 않고 오랫동안 무뎌지지 않습니다.

풀
Glue

Part 3.
---- 고체에서 액체로 ----

타피오카, 옥수수… 맛있어 보인다

옛날에는 종이를 붙이거나 옷에 풀을 먹일 때 밥풀이나 죽을 사용했는데, 썩기 쉽다는 단점이 있었습니다. 하지만 1887년 썩지 않는 전분 풀이 개발됐고, 1895년에는 불역호, 1899년에는 야마토 풀이 각각 출시되어 널리 쓰였습니다. 지금은 녹말의 주원료로 타피오카나 옥수수 등이 주로 사용됩니다.

폭신폭신 스펀지, 촉감이 좋아

우리나라에서는 물풀 하면 '왕자풀'을 떠올리곤 하는데요. 물풀의 원조 격은 1975년에 출시된 '아라빅 야마토'입니다. 손에 묻히지 않고 쓸 수 있고, 스펀지 캡 사용감도 좋아 큰 인기를 끌었습니다. 주재료가 합성수지여서 건조가 빠르고 접착력이 강합니다. 상품명은 아라비아고무를 사용한 물풀인 '아라비아 풀'에서 유래했습니다.

Part 3. 립스틱 같아

빙글빙글 돌리면 쑤욱 나온다

막대 모양 고체 풀은 1969년 독일 헨켈이 립스틱에서 힌트를 얻어 '프릿(Pritt)'이라는 이름으로 처음 출시했습니다. 우리나라의 첫 고체 풀은 1984년 아모스가 출시한 '딱풀'이죠. 일본에는 1971년 톰보우연필이 출시한 '핏'이 있습니다. 세 제품 모두 지금도 변함없이 사랑받는 스테디셀러입니다.

핏
(톰보우연필)

1971년 출시

1970년대 인쇄 광고물

예전에는 립스틱 타입이라 불렀다.

립스틱 타입의 쿨한 풀
프릿

어디에 풀칠했는지 잘 보여요

고체 풀은 손을 더럽히지 않고 깔끔하게 바를 수 있다는 장점이 있지만, 어디에 풀칠했는지 잘 보이지 않는 것이 단점인데요. 해결사로 나선 제품이 바로 '피트블루'입니다. 바를 때는 파란색이었다가 마르면 색이 사라지죠. 1993년에 출시된 제품으로, 필요 없는 부분까지 풀칠하거나 덜 칠하는 실수를 줄일 수 있습니다.

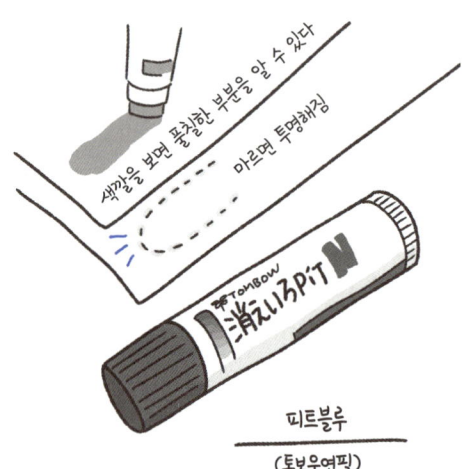

색깔을 보면 풀칠한 부분을 알 수 있다
마르면 투명해짐

피트블루
(톰보우연필)

Part 3.
---- 최종진화형은 '테이프' ----

더 깔끔하게, 더 세밀하게

풀테이프는 테이프에 풀이 발려 있어 종이에 대고 그으면 더 세밀하고 편리하게 풀칠할 수 있습니다. 그러나 테이프를 종이에서 뗄 때 풀이 잘 끊어지지 않고 늘어진다는 단점도 있죠. 이를 개선해 도트(점) 모양으로 발려 있는 '도트라이너'가 2005년 출시되면서 가볍고 깔끔하게 칠할 수 있게 되었습니다. 원하는 부분까지만 칠하고 떼면 풀이 깔끔하게 끊어집니다.

꾸욱 눌러 쭈욱 늘린다

풀테이프 진화형으로는 도장처럼 꾹 눌러 사용하는 '테이프풀 테노리(tenori)'가 있습니다. 스탬프 사이즈(약 7×10mm)라, 원하는 부분에만 빠르게 풀칠이 가능합니다. 접착면을 종이에 대고 그으면 일직선으로 칠할 수 있습니다.

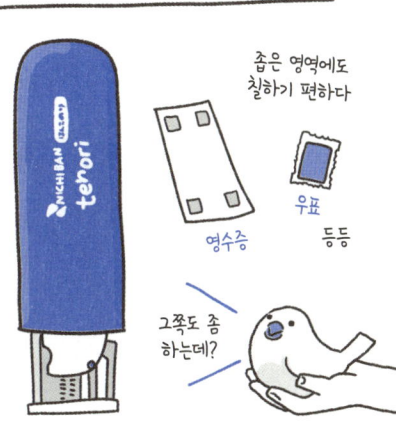

테이프
Tape

Part 3.
투명 테이프의 탄생

마스킹테이프도 셀로판테이프도 낳아준 부모는 같다

마스킹테이프와 셀로테이프는 같은 발명가의 손에서 탄생했습니다. 바로 3M 엔지니어였던 리처드 드류인데요. 그는 1925년에 도장공(塗裝工)을 위한 마스킹테이프를, 1930년에는 투명한 셀로판에 접착제를 묻힌 셀로판테이프를 개발했습니다. '스카치'라는 이름으로 상품화된 셀로판테이프는 눈 깜짝할 사이에 미국 전역에 널리 퍼졌습니다.

아시아에서는
GHQ가 의뢰하면서 생산 시작

2차 세계대전 후인 1947년, GHQ(연합국 최고사령부)의 의뢰를 받아 의료용 반창고 브랜드였던 니치반이 셀로판테이프를 만들었습니다. 1948년부터 시판되기 시작했으며, 일본에서 셀로판테이프의 통칭처럼 사용되는 '셀로테이프'는 이 니치반이 만든 상표입니다. 우리나라에서는 1977년 미국 3M과 두산그룹 합작으로 한국3M이 만들어지면서 본격적으로 생산되기 시작했습니다. 현재는 미국 3M이 지분을 전액 인수한 상태입니다.

Part 3.
---- 붙이기만 하는 게 아니다! ----

글씨를 쓸 수 있고, 다시 붙일 수도 있고, 반투명하게 비치고

'매직테이프(멘딩 테이프)'는 이름처럼 찢어진 종이를 감쪽같이 수선해주는 테이프입니다. 표면에 연필이나 펜으로 글씨를 쓸 수 있고, 복사해도 테이프 붙인 티가 나지 않습니다. 접착력도 오래가고 변색도 거의 없어 장기 보관하는 서류에 쓰기에도 좋습니다. 붙인 직후라면 다시 떼었다 붙일 수도 있어서 페이지 마커나 라벨로 활용하기도 합니다.

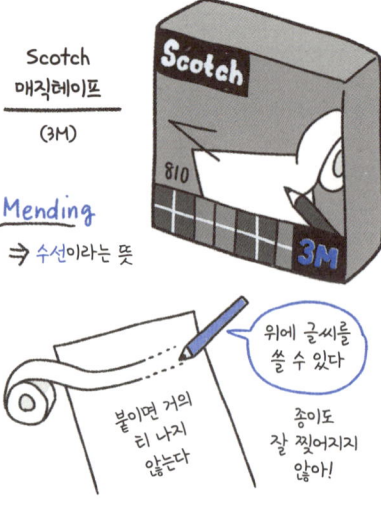

풀 대신 양면테이프

'붙이는' 것을 넘어 '맞붙이는' 양면테이프. 3M 제품도 유명하지만, 1966년 출시된 '나이스택'도 널리 쓰입니다. 종이 재질 패키지와 커터를 일체화한 말굽 모양 홀더가 사용하기 편리하다는 평을 받았습니다. 지금은 접착력별, 소재별, 기능별로 다양하게 출시돼 있습니다.

Part 3.
---- 붙이기만 하기엔 아까워 ----

평범한 걸 고르기가 더 어렵다

떼기 쉽도록 종이에 약한 접착제를 사용해 만든 '마스킹테이프'는 본래 도장(塗裝) 작업을 할 때 칠하지 말아야 하는 부분에 붙여두는 용도였습니다. 그러나 2008년, 세련되고 귀여운 마스킹테이프 'mt'가 출시되며 새로운 쓰임새가 부각됩니다. 글씨를 적을 수 있고, 겹쳐서 붙일 수 있으며, 곡면에도 잘 붙어 다이어리 꾸미기에 이용되면서 마스킹테이프 붐이 일었습니다.

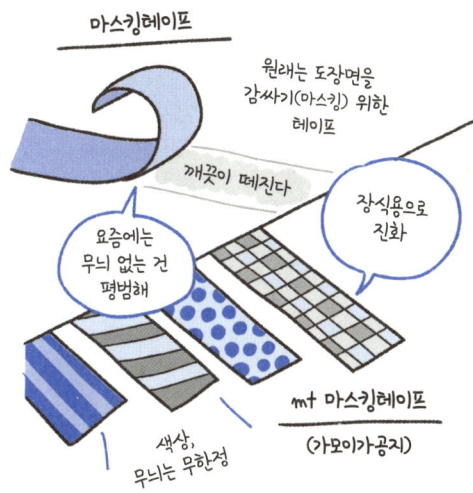

1인 3역, '다꾸'를 위한 테이프

'데코러시'는 노트나 편지에 다양한 무늬의 테이프를 붙일 수 있는 펜 타입 제품입니다. 다른 무늬 테이프로 교체할 수 있을 뿐 아니라, 마커나 수정테이프처럼 쓸 수도 있습니다. 용도는 마스킹테이프지만 구조는 수정테이프인 셈입니다. 깨끗이 떼어내기 위한 전용 지우개도 있습니다.

Part 3.
---- 사무실에서도, 현장에서도! 대형 테이프 사총사 ----

검 테이프지만 검 테이프가 아니다?

'검 테이프'는 수용성 풀(검)을 칠한 제품으로, 우표처럼 물에 적셔 사용하는 테이프를 가리킵니다. 정확한 명칭은 '크라프트 접착테이프'로, 발명왕 에디슨이 베니어합판을 고정하기 위해 발명했다고 합니다. 물에 적시지 않고 사용할 수 있는 크라프트 접착테이프는 검 테이프가 아닙니다.

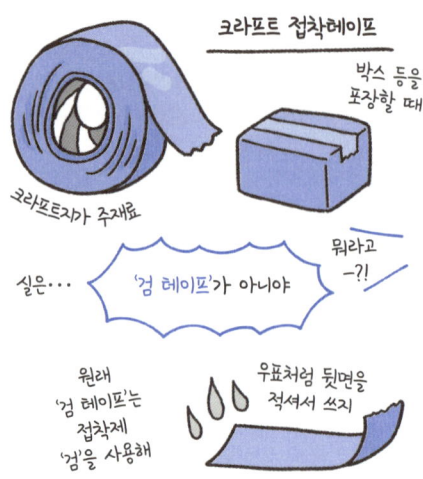

더 터프하고 더 깔끔한 놈

'천 테이프'는 크라프트 테이프보다 접착력이 강하고 튼튼하며, 손으로 찢어도 일직선으로 깔끔하게 찢어진다는 장점이 있습니다. 반면 무겁고 가격도 비싸다는 단점이 있죠. 천 테이프는 무거운 짐을 포장할 때, 가볍고 저렴한 크라프트 접착테이프는 가벼운 짐을 포장할 때 사용하면 좋습니다.

투명하니까 스마트해 보여

셀로판테이프처럼 투명하지만 셀로판테이프와 달리 폴리프로필렌 소재를 사용한 것이 'OPP 테이프'입니다. 신축성은 없지만 투명해서 티가 나지 않고, 접착력이 강하며 가격도 합리적입니다. 강도가 높아 손으로 깔끔하게 뜯어지지는 않지만, 최근에는 손으로 찢을 수 있는 제품도 판매되고 있습니다.

나중에 뗄 건데, 무슨 문제라도?

'양생 테이프'는 접착력이 약해 떼기 쉬우며, 뗀 후에도 접착제가 남지 않습니다. '양생(보양)'이란 건축이나 이사 현장에서 벽이나 기둥에 흠집을 내지 않기 위해 붙이는 시트나 널빤지 등을 가리키는데, 이를 임시로 고정하는 것이 바로 양생 테이프입니다. 현장에서 편하게 작업할 수 있도록 손으로도 찢기 쉽게 만들어졌으며, 주로 초록색이나 파란색으로 만들어 눈에 잘 띕니다.

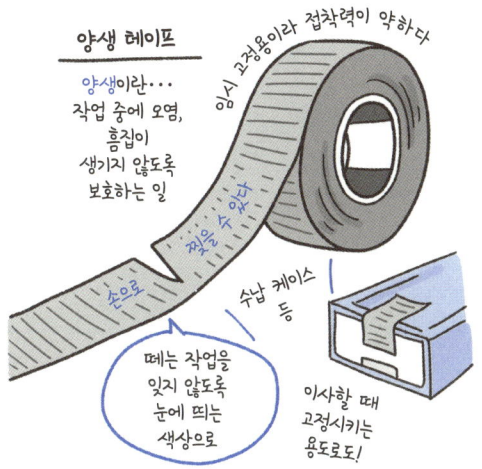

점착식 메모지·페이지 마커
Tag

Part 3.
---- 실패는 포스트잇의 어머니 ----

일요일, 교회에서 '그것'이 생겨나다

1968년 3M 연구원 스펜서 실버는 강력한 접착제를 만들기 위해 연구하던 중, 잘 붙고 잘 떨어지는 접착제를 만들어냈습니다. 당시에는 실패작이라 여겼지만, 1974년 다른 부서 연구원이었던 아트 프라이가 찬송가책에 끼웠던 책갈피가 자꾸 떨어지는 것을 보고 점착메모지 아이디어를 떠올렸습니다.

비서들의 열렬한 지지로 상품화

프라이는 시행착오 끝에 블록형 점착메모지인 '포스트잇 노트'를 개발했고, 사내 비서들에게 사용해보도록 한 결과 엄청난 호평을 받았습니다. 이에 따라 1977년 미국 4대 도시에서 테스트 판매를 시작했지만 매출은 생각보다 부진했습니다. 그러나 샘플을 배부했던 우량기업 비서들에게서 주문이 쇄도했고, 1980년 마침내 미국 전역으로 판매를 확대했습니다.

블록 vs. 페이지 마커 타입

어느 쪽을 많이 쓰세요?

포스트잇 유형은 크게 블록과 페이지 마커로 나뉩니다. 면적이 넓어 필기가 편한 블록 타입은 메모지나 노트 대신 사용하기도 하며, 작고 길쭉한 페이지 마커는 중요한 페이지를 표시하는 책갈피 등으로 요긴합니다.

사무실의 필수품 페이지 마커 타입

1981년 아시아 등지에서도 포스트잇이 출시됐지만, 당시에는 블록 타입이 일반적이었고 매출도 그리 높지 않았습니다. 그러다 관공서의 요청에 따라 판매한 페이지 마커가 큰 인기를 끌었고, 이후 인지도가 높아져 사무실의 필수품이 됐습니다.

다닥다닥 붙여 노트를 만들자

메모 노트를 만들기 편한 포스트잇

메모지를 붙여 만드는 '포스트잇 노트'를 아시나요? 정보를 세세하게 분류할 수 있으며, 다시 구분해서 정리하거나 색깔로 구별이 가능해 이해를 도와줍니다. 메모 노트용 포스트잇은 A괘(7mm)와 B괘(6mm)에 맞춘 크기의 제품이 있습니다.

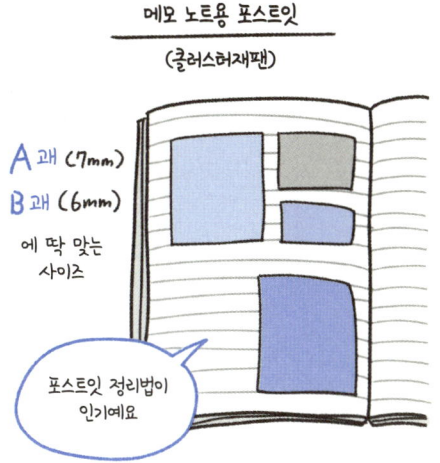

포스트잇에 하루하루 기록을 남긴다

일기장이나 수첩을 꾸밀 때 일러스트를 그리거나 스티커, 사진을 붙이기도 하죠. 나도 하고 싶지만 귀찮고 어렵다면 '생활의 기록' 포스트잇을 써보세요. 독서, 여행, 영화, 레스토랑, 디저트 등 28종의 주제에 따라 디자인이 다르고, 글을 써서 노트에 붙이기만 하면 귀여운 기록을 남길 수 있습니다.

Part 3.
---- 포스트잇·페이지 마커들의 활약 ----

생각나면 어디든지! 페이지 마커

페이지 마커의 하나인 '코코후센'은 케이스 뒷부분에 스티커가 붙어 있어 케이스째로 책이나 노트에 붙여서 가지고 다닐 수 있습니다. 시리즈 상품으로는 끼워서 휴대할 수 있는 '클립 코코후센', 두께가 1.5mm밖에 되지 않는 신용카드 크기의 '코코후센 카드' 등이 있습니다.

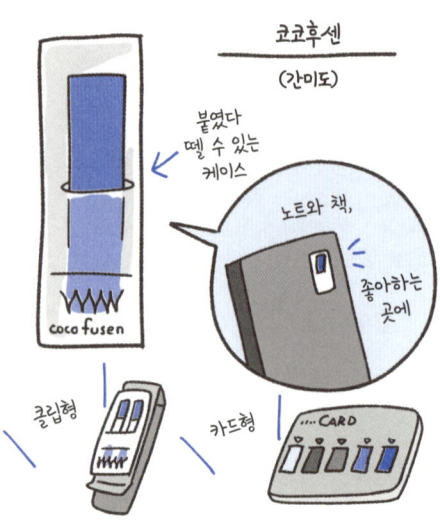

점착메모지의 길이는 내가 정한다

보통은 필요한 크기에 따라 포스트잇을 구매하지만, 롤형 메모지가 있으면 필요한 만큼 잘라 라벨을 만들거나 다이어리를 꾸밀 수 있어 활용도가 높아지죠. '메모롤 테이프'는 종이형과 필름형이 있으며, 폭도 4종류가 있습니다. 또한 '테이프식 포스트잇'은 휴대하기 좋은 포켓 사이즈로, 선명한 형광색이 특징입니다.

한없이 투명한 점착메모지

서적이나 서류에 메모지를 붙이면 붙인 부분 내용이 가려져버리죠. 그래서 등장한 제품이 바로 투명한 포스트잇입니다. '스탈로지 반투명 인덱스'는 속이 비치는 데다 위에 글씨도 쓸 수 있습니다. 원본 그대로 보존해야 하는 자료에 메모를 덧붙일 때 유용합니다.

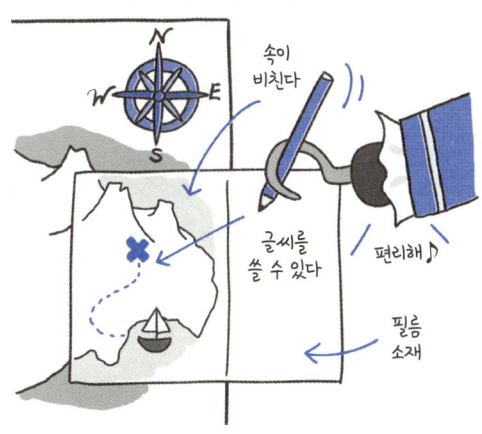

누구더라? 이제는 고민 끝!

잔뜩 쌓인 명함을 정리하다 '어, 누구더라…' 고민한 적 있을 겁니다. '명함 포스트잇'을 쓰면 간단히 해결할 수 있죠. 투명한 메모지여서 그 위에 만난 날짜, 장소, 특징, 용건 등을 써서 명함에 붙이기만 하면 됩니다. 인덱스로 분류해 두면 찾기도 쉽고 관리도 쉽습니다.

스테이플러
Stapler

꽉,
 확실히,
  묶어놓고 싶다면

사람들은 '호치키스'라고 부른다

'호치키스'는 원래 브랜드 이름

초기 스테이플러는 18세기 프랑스에서 태어났으며, 지금처럼 철심을 넣어 종이를 철하는 구조와 유사한 제품은 미국에서 개발됐습니다. 어르신들은 흔히 '호치키스'라고 하죠. 호치키스라 불리게 된 이유는 처음 아시아에 수입·판매된 제품이 미국의 E.H. 호치키스가 만든 스테이플러였기 때문이라는 설이 유력합니다.

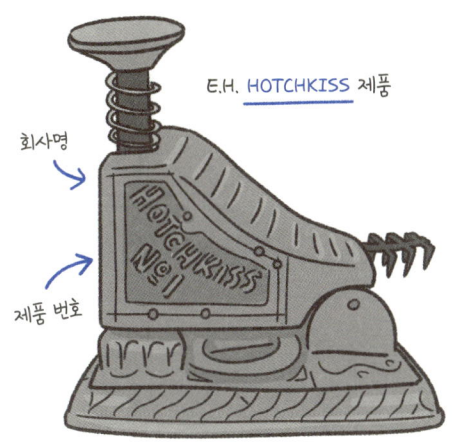

스테이플러, 일상에 스며들다

이후 아시아에서도 스테이플러가 생산되기 시작했는데요, 상용화된 계기는 1952년 'SYC·10'의 등장이었습니다. 작고 가벼우며 가격도 저렴해 인기 제품이 되었죠. 이후 회사명이 변경되어 'MAX·10'으로 명칭을 바꾸어 대히트를 쳤습니다. 한때 직장인이라면 한 사람당 하나씩 가지고 있을 정도로 일반화됐죠.

'철하기'의 과학

심이 종이에 '클린치'한다

스테이플러로 종이를 철하는 과정입니다. 먼저 스프링이 철심을 밖으로 빼내고, 심을 누르는 부분(드라이버)을 이용해 종이에 박습니다. 그리고 심이 종이를 관통한 후 아래쪽 바닥면에 파인 홈(클린처)에 눌려 안쪽으로 구부러집니다. 구부러지는 작업을 '클린치'라고 합니다.

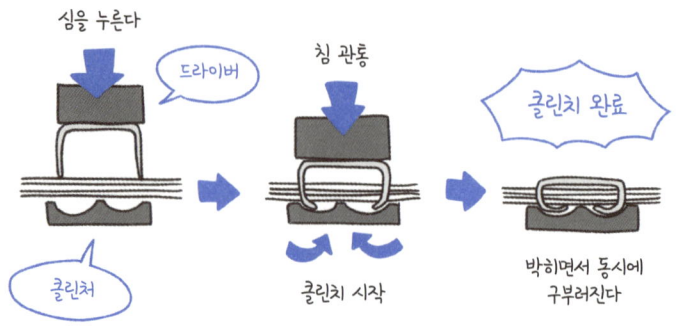

지네에서 ㄷ자로 진화

스테이플러가 개발됐을 당시에는 지네처럼 생긴 심(금속판)을 장전한 뒤 종이를 철해야 했습니다. 당연히 힘이 훨씬 많이 들어갔죠. 현재 일반적으로 사용하는 철심은 풀로 접착된 ㄷ자형 심입니다.

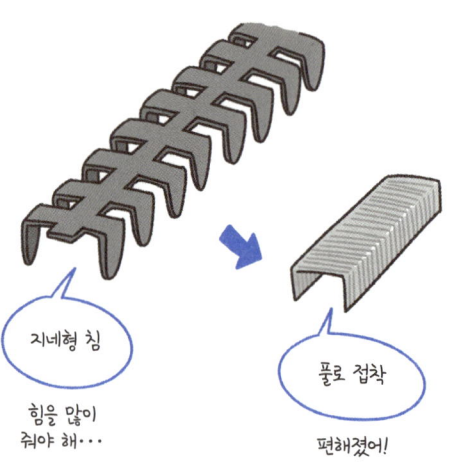

지렛대 원리로 움직여요

크기에 상관없이 스테이플러는 지렛대 원리를 이용합니다. 업무용 대형 스테이플러를 보면 확실히 알 수 있죠. 받침점과 힘점 사이를 길게, 받침점과 작용점 사이를 짧게 하면 살짝만 눌러도 강한 힘이 작용하여 두꺼운 종이나 여러 장의 종이도 간단히 철할 수 있습니다.

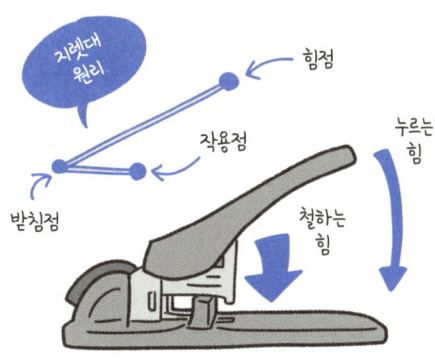

업무용 대형 스테이플러

거리에 따라 철하는 힘이 달라진다

이중 지렛대 구조로 쓰기 편해요

휴대하기 편한 조그만 크기에 적은 힘으로도 철할 수 있는 스테이플러 제품도 있습니다. 비밀은 바로 지레(받침점)가 2배로 설계됐다는 점인데요. 그중에서도 '바이모(Vaimo)11' 시리즈는 이중 지렛대 구조, 일반 철심보다 1mm 긴 전용 심을 사용하여 기존의 2배에 달하는 약 40장의 종이를 한 번에 철할 수 있습니다.

스테이플러의 코페르니쿠스적 전환

철심이 없으니 환경 친화적

'하리낙스' 시리즈는 철심을 사용하지 않고 종이를 철하기 때문에 환경 친화적이며 안전합니다. 핸디 사이즈의 콤팩트 타입은 종이를 잘라 끼우는 방식으로, 크기는 작아도 10장을 한 번에 묶을 수 있습니다. 서류에 구멍 뚫는 것이 내키지 않는다면, 물결 모양 금속판을 강하게 눌러 압착시켜서 철할 수 있는 '하리낙스 프레스'를 추천합니다. 5장까지 묶을 수 있습니다.

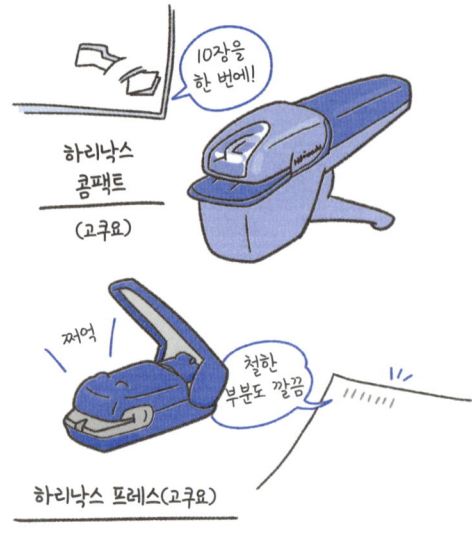

휴대용 스테이플러, 장소를 가리지 않아

편하게 휴대할 수 있는 콤팩트한 스테이플러를 소개합니다. 'XS 콤팩트 호치키스'는 잠금장치를 걸어서 접으면 지우개 정도의 크기가 되고, 썬스타 문구의 '스티킬 스테이플러'는 직경 18mm의 스틱형이라 필통에 쏙 들어갑니다.

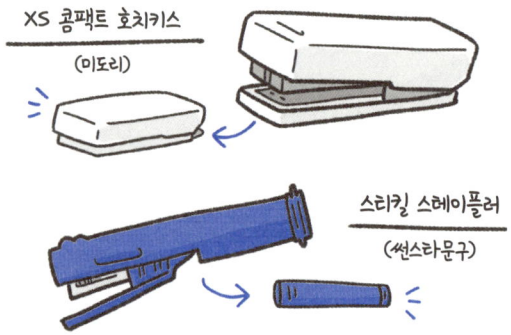

서류 눈사태는 이제 안녕

스테이플러로 철한 종이를 여러 부 겹쳐 놓으면 철심 부피 때문에 서류가 눈사태처럼 마구 흘러내리기도 하죠. 하지만 '사쿠리 플랫'은 철심 뒷부분을 평평하게 구부리는 '플랫 클린치' 기술이 있어 서류를 쌓아두어도 흘러내리지 않습니다.

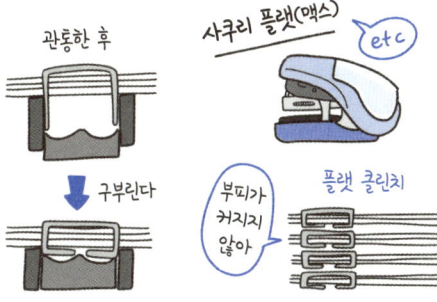

이제는 집에서 중철제본

'2웨이 스테이플러'는 심이 나오는 부분을 좌우로 90도 회전시킬 수 있는 스테이플러입니다. 덕분에 책자 가운데를 묶는 중철 제본이 가능하며, 고리 장식이나 원통 모양, 상자 등 다양한 물건을 만들 때도 편리합니다.

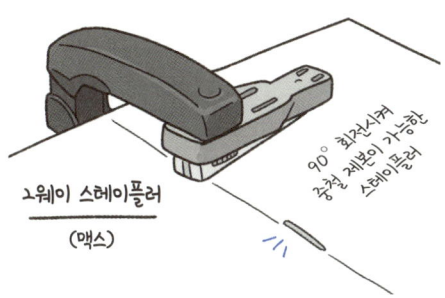

심을 빼는 프로페셔널

종이에 박힌 심을 빼기 위해서는 보통 스테이플러 뒷부분의 '리무버'라는 도구를 사용하는데요, 자칫 얇은 종이는 찢어지기 쉬워 불편하죠. 썬스타문구의 '하리토루 프로(PRO)'는 집게의 끝부분을 심에 끼워 손잡이를 쥐기만 하면 빠르고 깔끔하게 심을 빼낼 수 있습니다.

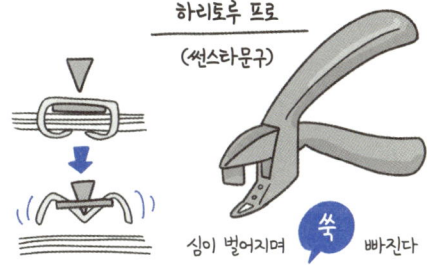

클립
Clip

앗,
이런 곳에 종이 뭉치가!
클립, 클립으로 묶자.

클립, 언제부터 있었을까?

누구나 젬클립은 안다

종이를 집는 클립의 대명사 '젬클립.' 1890년경 영국에서 젬 매뉴팩처링 컴퍼니가 발명해서 젬클립이라고 불리게 됐다는 설이 있지만 정확하지는 않습니다. 하지만 명실상부 문구의 상징 중 하나로 자리잡았죠. 도쿄에 있는 100년 전통 문구점 '이토야'에도 레드 클립이 상징물로 걸려 있답니다.

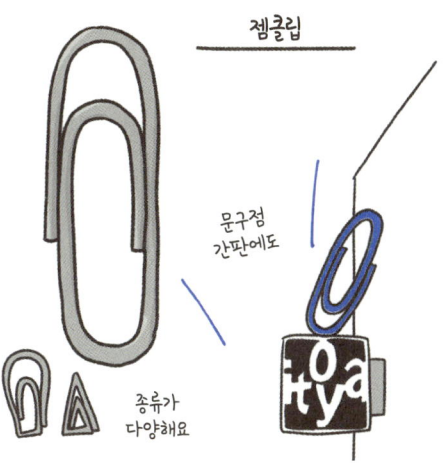

커다란 고리는 왜 있지?

손잡이에 구멍 뚫린 클립을 보통 '고리형 클립'이라 부릅니다. 구멍의 용도는 확실치 않지만, 고리에 걸거나 끈으로 매달 수 있어 편리합니다. 스프링 강도가 세서 많은 종이를 묶어놓기에 적합하며, 더블 클립이 등장하기 전까지 주로 사용됐습니다.

Part 3.
요즘 클립들의 사정

한 개지만 이름은 '더블'

고리형 클립에 이어 주류로 자리매김한 제품이 바로 '더블 클립'입니다. 장수가 많아도 잘 묶이며, 손잡이 부분을 아래로 내려 접어주면 거치적거리지도 않습니다. 거기에 가격까지 저렴해서 지금은 사무실의 필수품이죠. 이름의 '더블'은 옆에서 보면 'W'자로 보이기 때문에 붙여졌습니다.

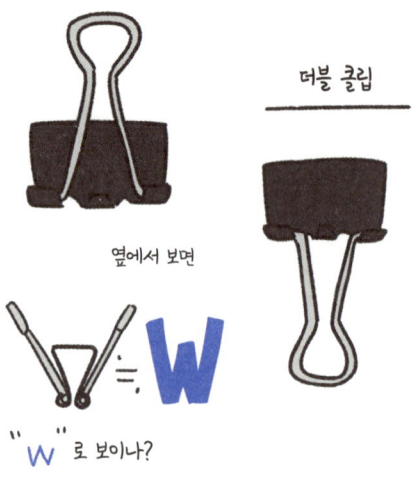

더블 클립
옆에서 보면
"W" 로 보이나?

손잡이 없어도 잘나가

젬클립은 힘이 부족해서 아쉽고 더블 클립은 투박해서 별로라면, 손잡이 없는 소형 클립을 추천합니다. '슬라이드 클립'은 종이에 끼운 후 커버를 딸깍 소리 나게 눌러주면 고정되는 구조입니다. '구이클립'은 그대로 종이에 끼워 사용할 수 있고요. '클룹 회전식 클립'은 동그란 부분에 서류를 끼운 뒤 회전시켜 종이를 고정합니다.

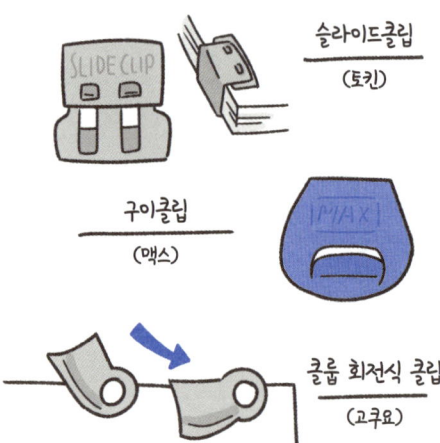

슬라이드클립
(토킨)

구이클립
(맥스)

클룹 회전식 클립
(고쿠요)

착 고정시켜 스테디셀러 등극

1980년 출시된 '가챠쿠'는 연사식 클립의 선구자입니다. 흔히 '날클립'이라고도 하는 전용 클립을 본체에 넣어 선단을 서류에 댄 후 슬라이더를 누르면 서류에 자국을 남기지 않고 종이를 꽉 잡아줍니다. 본체 한 개로 세 종류의 두께별 클립을 사용할 수 있는 '3웨이 가챠쿠'도 있습니다.

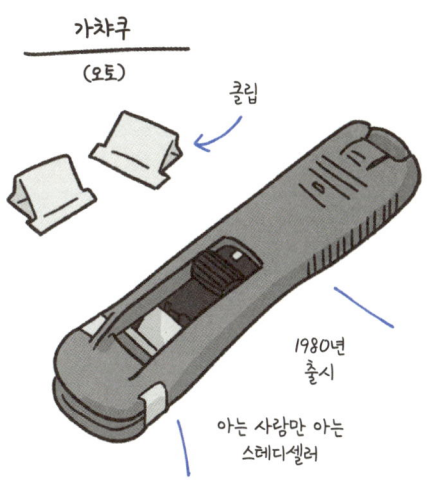

가챠쿠
(오토)
클립
1980년 출시
아는 사람만 아는 스테디셀러

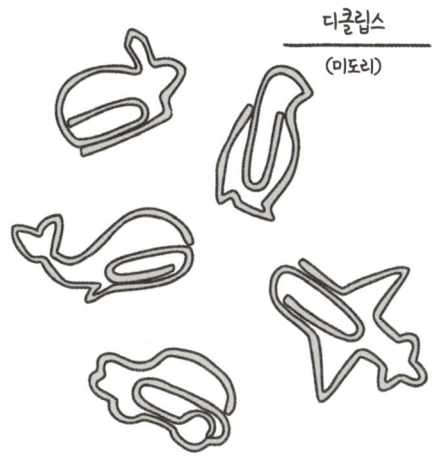

디클립스
(미도리)

사무실이 조금씩 귀여워진다

최근에는 문구보다 잡화에 가까운 컬러풀하고 다양한 젬클립이 많이 나옵니다. 특히 '디클립스'는 동물과 탈것 등 모양이 다채로운데요. 종이에 끼워두면 독특한 모양이 도드라져 웃음을 주는 귀여운 제품입니다.

사무실과 문구, 불가분의 관계

과거 사무실은 회색 일색이었죠

2차 세계대전 이후 1960년대 회사구조는 군대식 위계질서를 따랐기 때문에 부장, 과장, 계장 등의 부하직원이 배치되었고, 사무실 구조도 딱 그러했습니다. 자리 배치도 리더가 가장 안쪽 자리에 앉고 나머지는 리더를 향해 앉는 '교실 형' 또는 직원들을 마주보고 앉게 하는 '섬 형'이 많았습니다.

당시에는 목재가구 대신 철재가구를 많이 썼기 때문에 책상과 의자, 캐비닛 등 대부분이 회색이었습니다. 특히 2차 세계대전 당시 미군이 초록빛 도는 회색 철재가구를 주로 써서 우리도 영향을 많이 받았다고 합니다. 이 색은 '미군 그레이'라 불렸고, 전국의 사무실로 널리 퍼졌습니다.

당시 주된 사무용품은 주판, 연필, 노트 등이었습니다. 볼펜도 미군을 통해 들어왔지만, 당시에는 고가였기 때문에 연필을 주로 사용했습니다. 회사에서 같은 제품을 한 번에 대량 구입해 사원들에게 배분하곤 했죠.

**사무 자동화가 만들어낸
컬러풀 오피스**

이후 급격한 경제성장을 이루고 사무실 문화도 급변해 팩스나 복사기, 워드 프로세서가 등장하고 개인용 컴퓨터가 보급되는 등 디지털 바람이 불었습니다. 이에 따라 회색 일색이던 사무실 풍경도 변하게 됩니다.

사무용 가구 업체들도 시대 흐름에 맞추어 발전을 거듭했습니다. 책상이나 공간을 나누는 파티션이 등장한 것도 이때입니다. 새로운 사무용 가구는 오프화이트나 아이보리 등 밝은 색을 사용했으며, 파랑이나 빨강 등 다채로운 색상으로 포인트를 주기도 했습니다.

문구도 일대 변화를 맞았습니다. 포스트잇이나 라벨 프린터 등 획기적인 제품이 속속 등장했고, 회사에서 지급되는 문구도 색과 디자인의 종류가 다양해지면서 사무실을 밝게 물들이는 데 일조했습니다.

**'최애템'과 함께하는
사무실 풍경**
● ○ ○

경기가 침체되고 IMF 외환위기가 터지면서 사무환경 투자도 위축됐지만 사무실의 디지털화는 멈추지 않았습니다. MS윈도우즈의 등장으로 개인용 컴퓨터 보급률이 계속 올라가면서 '1인 1컴퓨터' 풍경이 어느덧 익숙해졌습니다.

이때부터 사무실 풍경과 업무방식이 크게 달라지기 시작합니다. 인터넷 사용이 일상화되고 광대역 통신이 등장하면서 모두가 각자의 메일 주소를 주고받는 일이 당연해졌습니다. 최근에는 노트북이 저렴해지고 와이파이가 일반화되면서, 사무실에 정해진 자리 없이 각자 편한 자리에서 업무를 보거나 사무실 외의 장소(집, 카페, 코워킹스페이스 등)에서 일하는 업무방식에도 점차 익숙해지고 있습니다.

이러한 변화는 문구에도 영향을 미쳤습니다. 컴퓨터가 보급되고 '종이 없는 사무실'이 점차 늘어나면서 문구의 활약이 크게 줄어든 것입니다.

하지만 거꾸로 생각해보면, 업무방식과 사무환경이 변하면서 개개인이 자기 취향에 맞는 문구를 사용할 수 있는 선택지가 생겨났다고 봐도 좋지 않을까요? 획일적인 문구가 아닌, 내 개성과 취향을 나타낼 수 있는 '최애템'에 둘러싸여 일할 수 있다면 상상만으로도 즐거운 일일 겁니다.

Part 4.
분류하기, 보관하기

구멍 뚫는 파일
Perforated file

제대로
　　보관하려면

Part 4.
---- 구멍이 맞지 않으면 묶을 수 없어 ----

아시아권에서는 2공 펀치가 대세

구멍 뚫어 쓰는 파일은 3공, 2공이 많이 쓰이는데요. 이는 1904년 독일제 2공 펀치가 아시아권에 수입되면서 가장 많이 사용됐기 때문이라고 합니다. 그중에서도 가장 심플한 '링 파일'은 서류 양이 많아도 쉽게 철할 수 있으며, 여닫기 편하고 원하는 페이지를 따로 꺼내기도 좋다는 장점이 있습니다. 링 모양은 페이지를 넘기기 쉬운 O링과 서류 측면이 가지런히 정돈되는 D링이 있습니다.

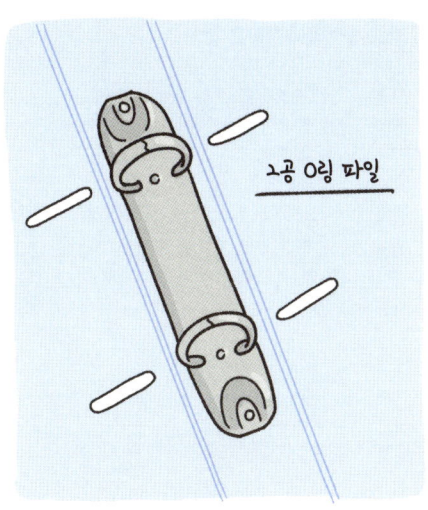

2공 O링 파일

구멍 수만큼 힘이 세져요

파일은 구멍 수에 따라 종류가 다양합니다. A4사이즈에는 4공 파일도 있고, 루스리프로 많이 쓰이는 30공도 판매 중입니다. 일반적으로 구멍 수가 많을수록 강도가 세져 구멍 주위 종이가 잘 찢어지지 않기 때문에 자주 열람해야 하는 서류나 회계·법무 관련 중요 서류에 주로 사용합니다.

Part 4.
몇 장이냐에 따라 파일도 달라진다

얇고 가벼워서 편하고 좋아

고정된 다리에 종이를 끼워 물림쇠로 철하는 '플랫 파일.' 종이 소재에 가볍고 얇아서 적은 양의 서류를 콤팩트하게 보관하기 적합합니다. 예전에는 물림쇠와 다리를 양철로 만들었지만 잘 꺾이고 서류가 찢어지기 쉽다는 문제가 있었습니다. 그러다 1956년 이런 문제를 개선한 폴리에틸렌 재질의 제품이 개발되어 현재까지 사용되고 있습니다.

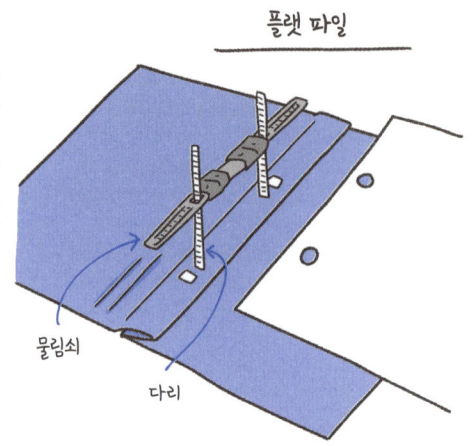

플랫 파일

물림쇠
다리

두꺼운 것이 좋아

본체에 내장된 파이프에 심이 달린 물림쇠를 꽂아 고정하는 '파이프식 파일'입니다. 50~100mm 이상 두께를 철할 수 있는 파이프가 특징으로, 서류 양이 많아도 걱정 없이 보관할 수 있습니다. 한쪽으로만 열게 만든 제품이 대부분이지만, 아래에 깔린 서류를 빼기 쉽게 만들었거나 앞뒤 어느 쪽에서나 여닫을 수 있는 제품도 있습니다.

파이프식 파일

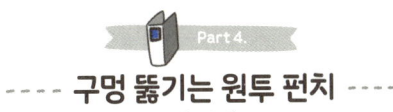

Part 4.
---- 구멍 뚫기는 원투 펀치 ----

뚫는 일에는 나를 불러요

펀치는 구멍 뚫는 도구의 대표격인데요. 특히 '아리시스'는 크기가 기존 제품과 거의 같으면서도 이중 지레 구조 덕분에 힘을 절반만 줘도 구멍을 뚫을 수 있는 제품입니다. 우리나라에서는 고정식 2공 펀치의 경우 타공 간격을 70, 80mm로 규정하고 있으며, 구멍 직경은 6mm, 구멍 중심에서 종이 상단까지는 12.5mm로 정해놓고 있습니다.

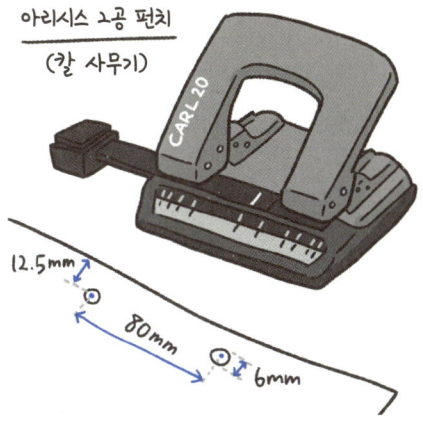

아리시스 2공 펀치
(칼 사무기)

원터치로 구멍이 찢어지지 않게

서류를 자주 끼웠다 빼거나 펼치다 보면 구멍이 찢어져 떨어지기도 하죠. 하지만 구멍 주위를 보강하는 스티커를 쓰면 걱정 없습니다. '원패치 스탬프'는 도장처럼 누르기만 하면 되기 때문에 위치를 맞추기 쉬워 편리하게 쓸 수 있습니다.

원패치 스탬프
(고쿠요)

이렇게 되기 전에 …

스티커로 보호

구멍 뚫지 않는 파일
File

Part 4. 속이 다 보여

잘라놓은 건 이유가 있어

'파일 홀더'는 원래 반으로 접은 두꺼운 종이에 서류를 끼워 보관하는 제품이었습니다. 지금은 속이 투명하게 보여 관리하기 쉬운 폴리프로필렌 소재의 '클리어 홀더'가 주를 이루죠. 클리어 홀더를 살펴보면 오른쪽 윗부분이 반원, 오른쪽 아랫부분이 작은 삼각형으로 잘려 있는데요. 전자는 파일을 열기 쉽도록, 후자는 접합부에 힘이 집중되어 찢어지는 것을 방지하도록 하는 목적입니다.

클리어 홀더
- 손잡이
- 찢어짐 방지

클리어 홀더를 수납하는 파일도 있다

클리어 홀더의 홀더 같은?

비닐 안에는 서류가 하나

투명한 비닐을 여러 장 묶어놓은 '클리어 파일.' 보통 비닐 윗부분으로 종이를 넣도록 되어 있지만, 서류가 잘 떨어지지 않게 안쪽으로 수납하거나, 클리어 홀더형으로 만들어 넣고 빼기 쉽게 만든 제품도 있습니다. 클리어 홀더형은 내용물이 떨어지지 않게 해주는 스토퍼가 있는 제품이 좋습니다.

클리어 파일
- 안쪽에서
- 위에서
- 클리어 홀더 타입

서류, 들고 다닐 것인가, 두고 다닐 것인가

여러 개 포켓을 써서 다용도 파일로

'도큐먼트 파일(도큐먼트 홀더)'은 내부가 아코디언처럼 포켓으로 나뉘어 있어 다양한 서류를 많이 보관할 수 있습니다. 월별, 교과목별, 업무별로 자료를 구분해놓을 수 있죠. 가방처럼 생긴 제품도 많아 들고 다니기도 편리합니다.

상자 속 내용물은 무엇일까

파일 홀더와 클리어 홀더를 한데 모아 보관하는 '파일 박스'입니다. 많은 서류를 깔끔하게 모아놓을 수 있기 때문에 프로젝트명이나 간단한 설명 등을 써서 책장이나 창고에 보관하기 좋습니다. 박스형뿐 아니라 내용물이 보이게 꽂아놓는 형태도 많이 쓰입니다.

끼워서 정돈하고, 끼워서 넘긴다

Z 모양 물림쇠

구멍 뚫지 않고 서류를 철할 수 있는 '레버 파일(Z식 파일)'입니다. 물림쇠 레버를 눌러 용수철 힘으로 종이를 고정하는 구조입니다. 많은 양을 철하기는 어렵고, 종이에도 자국이 남기 쉬워 자주 열어보는 서류를 철하기에는 적합하지 않습니다. 하지만 번거롭게 구멍을 뚫지 않아도 되고 넣고 빼기도 쉬워 잠시 보관하는 용도로는 편리합니다.

대각선으로 솟아오르는 부품 모양 때문에 "Z식"이라고도 부른다.

레버 파일

눈 깜짝할 새에 인쇄물을 책자로

'레일식 클리어 홀더'는 서류를 투명한 파일에 넣어 등 부분을 레일(일명 '쫄대')로 조여 묶는 제품으로, 인쇄물을 책자처럼 넘겨가며 볼 수 있습니다. 레일은 슬라이드식이라 그때그때 탈착이 쉬워 서류를 넣고 빼기도 용이해 프레젠테이션용 자료를 정리할 때 주로 쓰입니다.

레일식 클리어 홀더

슬라이드

중요한 리포트나 프레젠테이션 자료에

앨범
Album

추억을 담은 그릇

Part 4.
---- 기록을 남길 것인가, 기억을 남길 것인가 ----

가장 일반적으로 쓰이는 포켓 앨범

'포켓 앨범'은 투명한 비닐 포켓에 사진을 넣는 타입입니다. 내용물을 넣고 빼기 쉬우며, 비교적 가볍고 저렴한 제품이 많습니다. 사진을 많이 찍어서 차곡차곡 보관하는 기록파, 정리에 시간을 들이지 않고 한곳에 몰아넣는 대충파 모두에게 추천합니다.

나만의 앨범을 만들 수 있어

'접착식 앨범'은 사진을 접착 용지에 붙이고 그 위에 폴리프로필렌 필름을 덮는 방식입니다. 사진 외에 종이나 그림 등을 넣어 자유롭게 꾸미기 좋죠. 필름으로 공기를 차단하기 때문에 색이 잘 바래지 않는다는 장점도 있습니다. 소중한 사진을 나만의 방식으로 오래오래 남기고 싶다면 추천합니다.

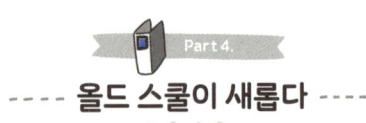

올드 스쿨이 새롭다

취미처럼 즐기는 '스크랩북 만들기'

접착식 앨범 전에는 '스크랩북'이 앨범 역할을 하곤 했습니다. 처음 스크랩북이 탄생한 것은 1980년대 미국으로, 사진만 붙이는 것이 아니라 다양한 장식을 곁들이는 수작업 취미활동으로 발전했습니다. 다이어리나 노트에 사진이나 그림을 붙이고 스티커와 마스킹테이프로 꾸미는 오늘날의 '다꾸'처럼 말이죠.

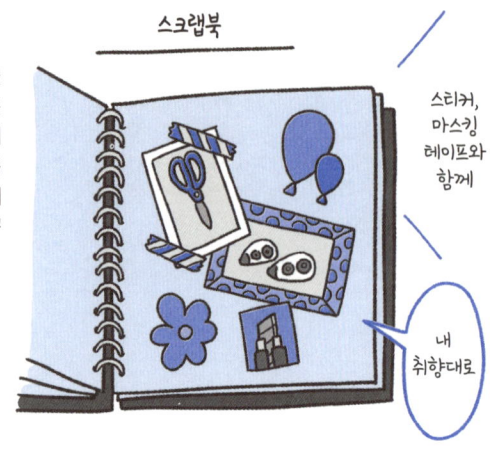

앨범 속지도 늘릴 수 있어요

'후에루 앨범'은 책등 두께에 맞춰 나사를 추가해 속지를 더 늘릴 수 있습니다. 이 같은 구조는 1968년에 등장했는데, 길어졌다 짧아졌다 하는 라디오 안테나에서 힌트를 얻었다고 합니다. 참신하고 내구성도 좋아 많은 사랑을 받았습니다.

Part 4.
---- 속지도 똑똑해진다 ----

후에루 앨범은 목적이나 용도에 따라 속지를 다양하게 바꿀 수 있습니다. 특히 아래와 같은 속지가 사랑받고 있죠.

**글도 적고
그림도 그리고
싶어!**

가볍고(light) 글을 적을 수 있는(write) '라이트' 속지입니다. 글을 쓰거나 그림을 그리기 용이해 앨범을 취향대로 꾸미고 싶은 분들에게 추천합니다. 두께가 얇다는 것도 장점입니다.

**앨범을
오래 쓰고 싶어!**

'100년 속지'는 알루미늄 박으로, '플라코트 속지'는 PET필름으로 표면을 라미네이트 가공한 제품입니다. 일반 속지보다 내구성이 강하고 변형이나 변색이 적습니다. 또한 PP필름으로 속지 전체를 감쌌기 때문에 기존 제품보다 사진 색이 변색되지 않고 오래 유지할 수 있습니다.

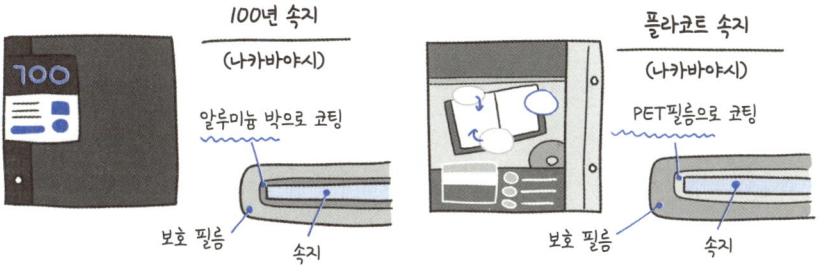

'다꾸족'이여, 영원히!

팬시 다이어리? 기업용 다이어리?

연말연시면 서점은 각양각색 다이어리를 고르는 사람들로 붐비곤 합니다. 다이어리를 공들여 고르고 열심히 꾸미는 '다꾸족'들의 활약으로 갖가지 문구가 함께 빛나는 시기이기도 하고요.

하지만 한편으로는 여전히 '다이어리는 사는 게 아니라 받는 것'이라는 인식도 있는 것이 사실입니다. 기업에서 달력이나 다이어리를 제작해 사내에 배포하는 경우도 있고, 브랜드 굿즈나 사은품으로도 많이 만드는 품목이니까요. 회사 다이어리는 기업 이름부터 시작해 사훈, 비전, 일람 등의 정보가 잔뜩 들어 있어 예쁘지는 않지만 그럭저럭 실용적으로 쓸 수 있습니다.

필로팩스 다이어리, 판을 뒤집다

필로팩스(Filofax)는 1921년 영국 런던에서 탄생한 브랜드로, 시스템 다이어리의 선두주자라 할 수 있습니다. 필로팩스 다이어리라고 하면 잘 모를 수도 있지만, 6공 다이어리라고 하면 학창시절 누구나 문구점에서 한 번쯤 구경했던 기억이 있을 겁니다. 필로팩스 시스템 다이어리는 미니 6공(81×120mm), A5, A4까지 총 4개 사이즈가 있지만 흔히 '퍼스널 사이즈'라 불리는 95×170mm가 시스템 다이어리의 표준 규격 노릇을 합니다. 영화감독 스티븐 스필버그, 배우 다이앤 키튼, 디자이너 폴 스미스 등 많은 유명인사들이 애용하는 제품으로도 유명합니다.

속지로는 기본적인 노트와 스케줄러를 비롯해 모눈종이, 주소록, 투 두 리스트(to do list), 점착메모지에 지퍼가 달린 클리어 포켓, 카드 홀더까지 다양하며, 자유롭게 끼우고 뺄 수 있습니다. 갖가지 속지를 조합해 나만의 다이어리를 만드는 것도 문구를 즐기는 하나의 방법이죠. 이 같은 시스템 다이어리, 즉 6공 다이어리의 등장은 획일적인 판을 깨고 다이어리를 꾸밈의 장으로 만드는 일대 전환점이 되었습니다. 6공 다이어리 붐은 조금씩 사그라들었지만, 학생부터 직장인까지 자기 취향에 맞는 다이어리를 골라 쓰는 문화가 생긴 건 필로팩스 덕입니다.

스마트폰 전성시대, 그래도 다이어리는 영원히

● ○ ●

컴퓨터가 보급되면서 전자수첩과 PDA도 등장했습니다. 이 제품들은 직장인이나 아이디어 상품을 좋아하는 얼리어답터, 혹은 공부에 활용하려는 학생들의 지지를 얻었지만 모두가 하나씩 갖고 다니기에는 문턱이 다소 높은 편이었습니다.

그러다 애플이 2007년 아이폰을, 2010년 아이패드를 출시하면서 스마트폰이나 태블릿을 이용해 메모하고 스케줄을 관리하는 일은 이제 우리의 일상이 되었습니다.

그렇다면 종이 다이어리는 이제 쇠퇴일로를 걷고 있을까요? 아니오, 태블릿에서 느낄 수 없는 아날로그 감성, 직접 아기자기하게 꾸미는 재미를 사랑하는 '다꾸족'이 계속 생겨나면서 새로운 아이디어 상품도 속속 등장하는 중입니다.

'호보니치 다이어리'가 대표적입니다. 카피라이터 이토이 시게사토가 운영하는 사이트 '거의 일간 이토이 신문(호보 닛칸 이토이 신문ほぼ日刊イトイ新聞, 짧게 줄여 호보니치라고도 부른다.―옮긴이)'에서 제작한 오리지널 다이어리인데요. 2002년에 출시되어 지금까지도 큰 인기를 끌고 있습니다. 하루 한 페이지씩 공간을 할애해 내 마음대로 쓸 수 있으며, 180도 펼칠 수 있는 실제본 형태와 다양한 종류의 커버 또한 장점으로 꼽힙니다. 지금도 마니아들의 의견을 반영해 꾸준히 다양한 구성을 선보이고 있습니다.

생각났을 때 바로 써내려갈 수 있는 편리함, 소유욕을 자극하는 디자인, 메모와 스케줄이 한눈에 보이는 구성, 내손으로 쓰고 꾸미고 만질 수 있는 애정 등, 종이 다이어리만의 장점은 앞으로도 마니아들의 감성을 자극할 것입니다. 디지털 기기들과 함께 책상 위에서 제 역할을 충실히 하면서요.

에필로그
못다 소개한 자초지종을 기약하며

요시무라 마리

저는 어릴 적부터 그림 그리기를 좋아해 시간만 나면 무언가 그리는 아이였습니다. 크레용, 연필, 형광펜 등 쓰는 도구도 다양했고, 낙서장부터 전단지 뒷면까지 그림의 무대도 가리지 않았습니다. 아마 그 과정을 거치면서, 무엇으로 어디에 그리는지에 따라 그릴 수 있는 것도 완전히 달라진다고 느끼지 않았나 싶습니다. 이것이 '도구로서의 문구'와 저의 첫 만남이었던 것 같습니다.

갖가지 신기한 문구가 쏟아져 나오고, 문구 정보도 잡지와 인터넷에 흘러넘치는 시대입니다. 가히 문구 붐이라 할 만하죠. 하지만 이 책에서는 새롭거나 오래되거나 상관없이 한 분야를 개척해낸 문구, 출시부터 현재까지 오랫동안 사랑받아온 문구에 초점을 맞추었습니다. 최근에는 스마트폰이나 태블릿PC에 조금 밀려났지만, 과거에는 일을 하건 공부를 하건 꼭 필요한 도구였습니다. 이 '꼭 필요하다'라는 절실함이 지금의 다채로운 문구 문화를 형성해준 토대가 됐다고 생각합니다.

그림 그리는 것이 좋아 문구를 좋아하게 된 저에게, 이 책을 쓰는 작업은 꿈만 같았습니다. 회사에 다니며 집필하느라 상상 이상으로 힘들었지만, 많은 분들이

이해해주고 도와주신 덕분에 완성할 수 있었습니다. 이 자리를 빌려 감사하다는 말씀을 드립니다.

한 가지 마음에 걸리는 부분은 책에서 미처 소개하지 못한 문구가 있다는 건데요. 그렇기에 이쯤에서 펜을 놓지는 않겠습니다. 계속 그림을 그리면서, 언젠가 다시 뵙기를 고대하겠습니다.

도요오카 아키히코

저는 대학을 졸업한 후 1980년대에 대형 문구업체 신입사원으로 취직했습니다. 그때는 주로 상품 개발과 마케팅을 담당했는데요, 사무환경이 크게 변화하던 시기라 문구업계도 활기에 가득 차 있었습니다. 덕분에 대히트를 친 미니 문구 세트와 전자 문구의 탄생을 바로 옆에서 지켜봤고, 여러 친구와 동료를 만나는 귀중한 경험도 할 수 있었습니다.

1990년대에 접어들 무렵 일본의 첫 매킨토시 전문 잡지사로 이직했습니다. 덕분에 인터넷이나 DTP(desktop publishing), 디지털 영화 등 지금은 당연하게 사용되는 기술이 등장해 산업 현장에 스며드는 과정을 최전선에서 경험했죠. 아이폰 창시자인 스티브 잡스의 부활을 지켜본 일도 생생하게 기억납니다.

이 책은 문구로 대변되는 아날로그와 스티브 잡스로 상징되는 디지털이라는 두 시대를 관통하며 얻은 지식과 경험으로 탄생했습니다. 돌이켜보니 모두 그립고 즐거운 시간이었어요. 책을 제안해주신 출판사 편집부에 깊은 감사의 말씀 드립니다.

제가 좋아하는 문구는 손가락에 끼워 종이를 쉽게 넘기게 해주는 '메쿠릿코'라는 제품입니다. 아쉽게도 이번 책에는 등장하지 않지만, 다음 기회에 소개할 수 있다면 좋겠습니다.

부록
이 책에 등장한 문구들

이 책에 소개한 사랑스러운 문구들 중 구매 가능한 제품(2018년 4월 기준)을 추려보았습니다.
여러분이 문구를 고를 때 도움이 되기를 바랍니다.

Part 1. 쓰기, 그리기, 지우기

연필

츠나고—나카지마주큐도
저학년용 연필—톰보우연필
하이유니—미쓰비시연필
마스 전문가용 연필—스테들러
퍼펙트 펜슬—파버카스텔
엔젤5—칼 사무기
전동 샤프너 듀오(DUO)—아스카
전동 연필깎이 슬림타입—나카바야시
건전지식 연필깎이—플러스
No.850 연필깎이—나카무라주큐도
라체타 핸디 연필깎이—소닉
연필깎이 캡—샤치하타

볼펜

BIC 크리스털—BIC
제트스트림—미쓰비시연필
볼 펜텔 B100—펜텔
롤링 라이터—펜텔
볼 사인—사쿠라 크레파스
프릭션 볼—파이롯트
하이테크 C 콜렉트—파이롯트
스라리—제브라
인제뉴어티—파카

샤프

아인 스테인—펜텔
유니 나노 다이아 샤프심—미쓰비시연필
닥터 그립—파이롯트
어른의 연필—기타보시연필
연필 샤프—고쿠요
구루토가—미쓰비시연필
델 가드—제브라
오렌즈—펜텔

만년필

나미키 마키에 만년필—파이롯트

소버린—펠리칸
마이스터스튁—몽블랑
듀오폴드—파카
사파리—라미
캡리스—파이롯트
카쿠노—파이롯트
프레피—플래티넘 만년필

펠트펜 · 마커

매직잉크—데라니시화학공업
펜텔 사인펜—펜텔
하이 맛키—제브라
플레이컬러2—톰보우연필
포스카—미쓰비시연필
스타빌로 보스—스타빌로
암기펜—제브라

붓펜

구레타케 붓—구레타케
구레타케 경조 붓펜 카부라—구레타케
펜텔 경조 사인펜—펜텔
아트브러시—펜텔
코코이로—구레타케
윙크 오브 스텔라 브러시—구레타케
미문자 붓펜—구레타케

지우개

모노(MONO) 지우개—톰보우연필
마토마루쿤—히노데와시
에어 인(AIR-IN)—플러스
가도케시—고쿠요
전동 지우개—플러스

반죽 고무—홀베인

수정액 · 수정테이프

미즈논—마루주카세이
펜텔 수정액—펜텔
케시워드—시드

Part 2. 남기기, 그리기

노트

캠퍼스 노트—고쿠요
로지컬 노트—나카바야시
코넬 메소드 노트—학연스테이풀
어른의 캠퍼스 노트—고쿠요
캠퍼스 노트 슬림 B5 사이즈—고쿠요
캠퍼스 노트 프린트 부착용—고쿠요
캠퍼스 커버 노트—고쿠요
캠퍼스 리프 노트—고쿠요

루스리프 · 바인더

바인더 MP—고쿠요
테프레누—킹짐
캠퍼스 바인더 스마트링—고쿠요
하트 루스리프—러브리프
글리서—칼 사무기
게이지 펀치—칼 사무기
루스리프 케이스—고쿠요

리포트 용지

노 카본 리포트 패드—도요시코
서한전—고쿠요

스케치북

아트 스퀘어 디자인 스케치북—삼원
세르지오 스케치북—세르지오
도안 시리즈 스케치북—마루만
크로키북—마루만
겟코소 오리지널 스케치북—겟코소 화구점

메모장

블록 로디아—로디아
몰스킨 노트—몰스킨
다이아몬드 메모—미도리
측량야장—고쿠요
프로젝트 내수 메모—오키나

Part 3. 자르기, 붙이기, 고정하기

커터칼

히고노카미—나가오제작소
칼날을 꺾어 쓰는 커터칼—올파
디자이너스 아트 나이프—올파
포키—올파
포켓 포키—올파
안전 커터칼—고쿠요
오란테—플러스
기리누쿠—올파

안키스냅—펜텔

가위

알렉스 사무용 가위—알렉스
안전 가위 깃촌—구쓰와
피트 컷 커브—플러스
사쿠사 글루레스 가위—고쿠요

풀

아라빅 야마토 풀—야마토
프릿(Pritt)—헨켈
딱풀—아모스
핏—톰보우연필
피트블루—톰보우연필
도트라이너—고쿠요
테이프풀 테노리(tenori)—니치반

테이프

스카치 셀로판테이프—3M
세로테이프—니치반
스카치 매직테이프—3M
나이스택—니치반
mt 마스킹테이프—가모이가공지
데코러시—플러스

접착식 메모지·페이지 마커

포스트잇—3M
메모 노트용 포스트잇—클러스터재팬
생활의 기록—킹짐
코코후센—간미도
메모롤 테이프—야마토

테이프식 포스트잇—야마토
스탈로지 반투명 인덱스—니톰스
명함 포스트잇—베벌리

라이트 속지—나카바야시
100년 속지—나카바야시
플라코트 속지—나카바야시

스테이플러

바이모11—맥스
하리낙스 콤팩트—고쿠요
하리낙스 프레스—고쿠요
XS 콤팩트 호치키스—미도리
스티킬 스테이플러—썬스타문구
사쿠리 플랫—맥스
2웨이 스테이플러—맥스
하리토루 프로—썬스타문구

클립

슬라이드클립—토킨
구이클립—맥스
클룹 회전식 클립—고쿠요
가챠쿠—오토
디클립스—미도리

Part 4. 분류하기, 보관하기

구멍 뚫는 파일

아리시스 2공 펀치—칼 사무기
원패치 스탬프—고쿠요

앨범

후에루 앨범—나카바야시

참고문헌

《궁극의 문구》, 다카바타케 마사유키 지음, 김보화 옮김, 벤치워머스.
《문구의 모험》, 제임스 워드 지음, 김병화 옮김, 어크로스.
《문구의 과학》, 와쿠이 요시유키·와쿠이 사다미 지음, 최혜리 옮김, 유유.
《설레는 문방구 도감(ときめく文房具図鑑)》, 야마자키 마유코 지음, 산과계곡사(山と渓谷社).
《오래된 앤티크 문방구의 세계: 메이지, 다이쇼, 쇼와의 문구 디자인과 그 매력(古き良きアンティーク文房具の世界: 明治·大正·昭和の文具デザインとその魅力)》, 다이미치 지음, 성문당신광사(誠文堂新光社).
《문구의 역사(文具の歴史)》, 다나카 노리히토 지음, 리히토산업(リヒト産業).
《사물기원사전 의식주편(事物起源辞典 衣食住編)》, 도쿄당출판(東京堂出版).

문구의 자초지종

초판 1쇄 발행 2020년 10월 15일

지은이 요시무라 마리·도요오카 아키히코 | 옮긴이 김나정
펴낸이 권정희 | 총괄 김은경 | 펴낸곳 비컷
주소 서울특별시 성동구 연무장 7길 11, 8층
대표전화 02-6463-7000 | 팩스 02-6499-1706 | 이메일 info@book-stone.co.kr
출판등록 2018년 7월 13일 제2018-000222호
ⓒ 요시무라 마리·도요오카 아키히코(저작권자와 맺은 특약에 따라 검인을 생략합니다)
ISBN 979-11-87289-96-8 03590
비컷은 (주)북스톤의 임프린트입니다.

- 이 책은 저작권법에 따라 보호받는 저작물이므로 무단전재와 무단복제를 금지하며, 이 책 내용의 전부 또는 일부를 이용하려면 반드시 저작권자와 북스톤의 서면동의를 받아야 합니다.
- 이 책의 국립중앙도서관 출판예정도서목록(CIP)은 서지정보유통지원시스템 홈페이지(http://seoji.nl.go.kr)와 국가자료공동목록시스템(http://www.nl.go.kr/kolisnet)에서 이용하실 수 있습니다.
  (CIP제어번호: CIP2020038979)
- 책값은 뒤표지에 있습니다. 잘못된 책은 구입처에서 바꿔드립니다.

비컷은 내 삶을 내 방식대로 디자인하고 주도해가는 사람들의 이야기를 전합니다.
타인의 기준이나 세상의 잣대가 A컷이라면, B컷은 내가 진짜 좋아하는, 끝까지 끌어안고 싶은 것입니다.
비컷을 통해 나의 삶, 나의 이야기를 독자들과 나누고 싶으신 분들을 기다립니다.